청소년을 위한 꿈꾸는 다락방

꿈노트

청소년을 위한 꿈꾸는 다락방 꿈노트

초판   1쇄 발행 · 2014년 9월 22일
개정 1판 1쇄 발행 · 2022년 3월 2일
개정 1판 2쇄 발행 · 2022년 4월 29일

지은이 · 박영하·신용석·오정택·정영옥
펴낸이 · 이종문(李從聞)
펴낸곳 · 국일미디어

등   록 · 제406-2005-000025호
주   소 · 경기도 파주시 광인사길 121 파주출판문화정보산업단지(문발동)
영업부 · Tel 031)955-6050 | Fax 031)955-6051
편집부 · Tel 031)955-6070 | Fax 031)955-6071

평생전화번호 · 0502-237-9101~3

홈페이지 · www.ekugil.com
블 로 그 · blog.naver.com/kugilmedia
페이스북 · www.facebook.com/kugilmedia
E - mail · kugil@ekugil.com

ISBN 978-89-7425-860-3 (43370)

청소년을 위한 꿈꾸는 다락방

꿈과 재능을 키워주는 진로 워크북

꿈노트

개정판

박영하·신용석·오정택·정영옥 지음

국일미디어

돌잡이! 부모의 소박한 바람인가? 그릇된 욕망의 강요인가?

"꿈이 없어 무엇을 해야 할지 모르는 친구들에게!
혹은 꼭 하고 싶은 것이 있는데 어떻게 시작해야 할지 모르는 친구들에게
정말. 정말로 도움이 되고 싶습니다."

짧지 않은 교직 생활을 통해 늘 고민하며 문제를 풀지 못해 속앓이 하는 심정으로 아이들과 고민했던 것은 진로에 관한 것이었습니다. 저희는 아이들이 제일 어려워하는 진로 문제를 함께 고민하며 최선을 다해 도와주고 싶은 마음이 간절합니다.

진로와 관련이 있는 우리나라의 오래된 풍속 중에는 바로 '돌잡이'가 있습니다. 위키피디아에 따르면 돌잡이는 "조선 정조正祖 15년, 원자元子의 돌날 온갖 장난감을 담은 소반을 집복헌集福軒에 차려놓고 대신大臣과 경재卿宰에게 들어와 보도록 명하며, 여러 신하들이 모두 축하의 말을 하고, 신하들로부터 서리, 하예下隸, 군졸, 거리의 백성들에게까지 떡을 내렸고, 특별히 조관朝官과 사서인士庶人으로서 유배 이하에 해당되는 죄를 지은 사람의 죄명을 씻어주었다"라고 국조보감에 기록되어 있다고 그 유래를 전하고 있습니다. 그 풍속이 오래된 것임을 알 수 있습니다.

아기가 여러 가지 물건 가운데에서 마음에 드는 물건을 골라잡게 하여 아기의 장래와 관련하여 미래를 점쳤다고 하며, 그러한 의식이 오늘날에까지 전해져 내려오고 있습니다. 돌잡이 물건은 시대 가치관의 변화에 따라 달라집니다. 아기가 잡으면 좋겠다고 생각하는 부모의 마음이 투영되어 그 품목이 다양하게 늘어나고 있습니다. 예를 들면 마이크, 청진기, 법봉, 계산기, 마우스, 카메라, 게임기, 스포츠용품 등이 대표적인 추가 물건이죠. 이에 반해 조상 대대로 인기 아이템이었던 다산의 의미인 대추는 오늘날 구석으로 밀리거나 아예 돌잡이 상에서 사라지는 추세이며, 이와 같은 현상은 오늘날 우리나라 저출산 문제와도 자연스럽게 연결됩니다.

'돌잡이'는 부모의 소박한 바람일까요? 아니면 그릇된 욕망의 강요일까요?

초창기 선조들이 했던 '돌잡이'에는 무병장수와 행복한 삶을 기원하는 부모의 소박한 마음이 깃들어 있었을 것입니다. 그러나 근현대사회에 접어들면서 자본주의의 발달과 물질 만능주의가 팽배해짐에 따라 진로에 대한 부모의 가치관도 함께 변하면서 자연스럽게 '돌잡이' 의식에 부모의 욕심이 투영되었음은 부정할 수 없을 것입니다. 아마도 자녀의 진로에 대한 관심도를 비교 조사해 본다면 표면적

으로는 세계 어느 민족과 비교해도 뒤처지지 않을 것입니다.

이와 같은 부모의 관심도를 놓고 본다면 청소년들은 일찌감치 자신에게 적합한 진로를 찾아 아무런 걱정 없이 진로를 찾아가야 할 것입니다. 그런데 교육현장에서 만난 친구들의 대부분은 "진로를 정하는 데 가장 큰 장벽은 바로 부모님"이라고 말합니다. 청소년들이 원하는 것은 따로 있는데 부모님은 자녀에게 안정적이고 연봉이 높은 직업을 강요하곤 합니다. 자녀가 원하는 것은 아랑곳하지 않는 부모가 많습니다.

4차 산업 혁명 시대에 들어선 현대사회는 인공지능과 메타버스의 도래와 함께 급속히 변화하고 있습니다. 그 중심에는 부모 세대가 있는 것이 아니고 우리 청소년들이 있습니다. 부모가 원하는 것을 자녀에게 강요하는 것이 아니라 자녀가 원하는 것을 부모가 받아들이고 응원해야 합니다.

모든 것은 청소년들 자신에게 초점이 맞추어져야 합니다. 변화하는 환경에 적응하고 자신의 발전을 도모하기 위해 우선되어야 하는 것은 독립적 자아 찾기입니다.

《청소년을 위한 꿈꾸는 다락방 꿈노트》는 우리 청소년들에게 독립적 자아를 찾을 수 있도록 방향을 제시해 줄 수 있는 도구로서 충분한 역할을 할 것입니다. 이

워크북을 따라서 하나씩 실행에 옮기다보면 어느새 자신의 꿈이 무엇인지를 더욱 명확하게 알게 될 것이고 더 나아가 그 꿈을 향해 한 걸음씩 나아가고 있는 자신을 발견할 수 있을 것입니다.

《청소년을 위한 꿈꾸는 다락방 꿈노트》는 청소년들의 꿈을 함께 고민하고 또 다양한 방법을 시도하면서 이룬 성공적인 사례들을 모아 모든 청소년이 진로를 찾는 데 활용할 수 있도록 만들었습니다. 《청소년을 위한 꿈꾸는 다락방 꿈노트》가 진로교육의 새로운 지평을 열어줄 것이라 확신합니다.

저자 일동 드림

꿈을 찾다

어떻게 내 꿈을 찾을 수 있을까?

Chapter

1

Finding Dream

꿈을 그리다
어떻게 내 꿈을 그려갈 수 있을까?

Visualizing Dream

꿈을 나누다

어떻게 내 꿈을 나눌 수 있을까?

Chapter

3

Sharing Dream

꿈을 이루다

어떻게 내 꿈을 이룰 수 있을까?

Chapter 4

Fulfilling Dream

꿈을 찾다

어떻게 내 꿈을
찾을 수 있을까?

"여러분의 꿈은 무엇입니까?"

이와 같은 질문을 받았다면 어떻게 대답을 하시겠습니까? 이 질문에 대해 어떤 사람은 직업을 명사형으로 답할 수도 있을 것이고 또 다른 사람은 동사형으로 자신이 꼭 이루고 싶은 것을 말하는 사람들도 있겠지요? 여러분은 어떻게 대답을 하셨나요?

꿈의 사전적 정의를 살펴보면 '실현하고 싶은 희망이나 이상'이라고 합니다. 아마도 모든 사람의 꿈의 끝자락에는 행복이라는 단어가 자리잡고 있을 것입니다.

자신의 꿈을 찾을 수 있는 방법을 단정지어 '이렇게 하는 것이다'라고 말할 수는 없지만 꿈을 찾기 위해 가장 첫 번째로 해결해야 하는 부분은 자기를 이해하는 것입니다. 자신을 이해하기 위해서는 '나는 누구인가?'라는 질문을 되뇌이며 많은 생각을 해야 할 것이고, 이를 통하여 자신을 이해하는 방법을 찾아낼 수 있을 것입니다. 어쩌면 많은 시간을 할애하여 고민해도 '나는 누구인가?'에 대한 명쾌한 답을 얻어내는 것이 쉽지 않을 수도 있습니다.

자신을 설명하는 데 가장 핵심 요소는 성격과 적성이라고 할 수 있는데. 자신의 성격과 적성을 가장 객관적으로 파악하기 위한 검사도구가 있습니다.

검사 결과를 통해 자신의 성격과 적성에 대하여 구체적으로 이해한 후. 자신의 꿈을 찾아가는 과정이 필요합니다. 꿈의 사전적 정의나 어원. 꿈과 관련된 속담. 명언 등을 통해 꿈을 알아보고 꿈과 관련된 시각적 정보(간판. 미디어. 그림)와 청각적 정보(노래. 강연). 꿈 읽기(책) 등을 통해 꿈을 보고. 듣고. 읽음으로 여러분의 꿈을 찾아가기 바랍니다.

자기 이해하기

나는 누구인가?

성격유형검사, MBTI

'Who am I?'

'꿈'에 대하여 이야기하기에 앞서 먼저 알아야 할 것은 '나는 누구인가?' 입니다. 혹시 여러분은 여러분 자신이 누구인지 잘 알고 계신가요? 지금 바로 여러분 자신에게 한번 질문해 볼까요? "나는 누구인가?" 여러분은 뭐라고 대답을 하셨나요? 쉽게 대답을 할 수 있었나요?

영화 〈매트릭스〉에서 '모피어스'는 '네오'에게 네오가 메시아라는 것을 확인시켜주기 위해 메시아 감별

사인 '오라클'에게로 안내합니다. 네오는 그 곳에서 라틴어로 '테메트 노스케Temet Nosce'라고 쓰여진 액자를 보게 되고 우여곡절 끝에 자신이 메시아라는 믿음을 갖게 됩니다.

'테메트 노스케'는 우리말로 '너 자신을 알라'는 뜻입니다. 우리는 흔히 소크라테스의 가르침으로 알고 있지만 사실은 이집트의 룩소르 신전Luxor Temple 외벽에 새겨졌던 격언이라고 전해집니다. 매트릭스에서는 예정된 운명은 없지만 자신의 선택에 대해 믿음을 갖게 되면 자신이 원하는 대로 될 것이라는 깨우침을 주고 있습니다.

내가 누구인가에 대해 자신있게 답을 할 수 있다면 자신의 꿈을 찾는 일은 더 이상 어려운 일이 아닐 것입니다. 자신이 누구인지 알아보는 방법으로는 MBTI 성격유형검사나 다중지능검사 등이 사용되고 있습니다. 아마 여러분도 한 번 정도는 검사를 해 보셨을 것입니다.

MBTI 성격유형검사는 성격을 에너지 방향에 따라 내향Introversion 또는 외향Extroversion, 인식 기능에 따라 직관iNtuition 또는 감각Sensing, 판단 기능에 따라 사고Thinking 또는 감정Feeling, 생활양식에 따라 판단Judging 또는 인식Perceiving으로 나눕니다. 각각의 척도는 두 가지 극이 되는 성격으로 이루어져 있습니다. 그리고 네 가지 지표마다 두 가지 경우가 존재하므로 총 16가지의 유형이 만들어지고 이러한 유형들은 각 경우를 나타내는 알파벳 한 글자씩을 따서 네 글자로 표시합니다. 왼쪽의 QR 코드를 이용하여 간단하게 MBTI 성격유형검사를 해 볼 수 있습니다.

MBTI 성격유형검사

MBTI 성격유형검사 네 가지 지표의 대표적 특징을 살펴보면 에너지 방향이 내면 세계에 있는 내향형(I),

MBTI 16가지 유형 분류표

지표	감각(S)/사고(T)	감각(S)/감정(F)	직관(N)/감정(F)	직관(N)/사고(T)
내향(I)/판단(J)	ISTJ	ISFJ	INFJ	INTJ
내향(I)/인식(P)	ISTP	ISFP	INFP	INTP
외향(E)/인식(P)	ESTP	ESFP	ENFP	ENTP
외향(E)/판단(J)	ESTJ	ESFJ	ENFJ	ENTJ

세상과 타인에 있는 외향형(E), 인식 기능에 있어서 어떤 사실과 사건 이면의 의미나 관계, 가능성을 더 잘 인식하는 직관형(N), 오감을 통하여 사실이나 사건을 더 잘 인식하는 감각형(S), 그리고 판단 기능에서 논리적인 분석을 통해 무언가를 결정하려 하고, 이 과정에서 어떠한 사항의 장점 및 단점을 객관적으로 판단하는 사고형(T), 예민하며 협동심이 좋고 자신의 가치와 타인이 받을 수 있는 영향에 대해 고려해 결정을 내리는 감정형(F), 생활양식에 있어서 준비성이 철저하고 계획을 수립하며 규칙을 따르는 데 편안함을 느끼는 판단형(J), 사물을 열린 시각으로 바라보며, 정보 자체에 관심이 많고 새로운 변화에 적극적인 인식형(P)으로 구분할 수 있습니다.

첫번째 질문
드림Dream

MBTI 성격유형검사를 해 보고 성격유형을 적어 보세요.

두번째 질문
드림Dream

MBTI 일상툰

MBTI 성격유형을 잘 설명한 MBTI 일상툰을 한 편 소개합니다. MBTI 일상툰을 감상하고 자신의 성격유형의 특성과 일치하는 특성은 무엇인지 적어 볼까요?

다중지능검사

자신이 누구인지 알아보는 또 다른 검사도구인 다중지능검사도 직접 해 볼까요?

다중지능검사는 인간의 지능을 8가지로 분류하고 자신이 강점을 가진 지능과 관련된 분야에 집중하면 높은 성취를 얻을 수 있다고 합니다. 다중지능검사에서는 적성의 영역을 대인관계, 자연탐구, 논리수학, 언어, 음악, 신체운동, 공간, 자기이해 지능으로 구분하였습니다.

세번째 질문
드림Dream

다중지능검사

QR 코드를 활용하여 다중지능검사를 직접 해 보고 여러분의
강점 지능을 세 가지만 순서대로 적어 보세요.

①

②

③

네번째 질문
드림Dream

다중지능이론 동영상

다중지능이론 동영상을 감상하고 느낀 점을 적어 보세요.

꿈을 알다

꿈의 뜻

'꿈Dream!' 나지막이 외쳐 보세요. 다시 한 번 '꿈!'이라고 외쳐 보세요. 가장 먼저 무엇이 떠오르나요?

저도 '꿈!'이라고 조그맣게 입 밖으로 소리내어 외쳐 보았어요. 제 몸에서 가장 먼저 일어난 반응은 '설렘'이었어요. 무엇인지 모르지만 왠지 기대가 되고 기분이 좋아지는 느낌이랄까? 여러분의 몸은 가장 먼저 어떤 반응을 하던가요? '꿈!'이라고 외쳤을 때 가장 먼저 나타난 반응을 잊지 말고 꼭 기억해 보세요. 그리고 왜 그런 반응이 나타났을까에 대하여 곰곰이 생각해 보세요. 생각하는 과정을 통해 어렴풋이 여러분은 꿈의 방향을 잡을 수도 있을 것입니다.

첫번째 질문
드림Dream

내가 생각하는 '꿈Dream'이라는 단어는 무엇인지 정의해 볼까요?

꿈이란?

DREAM

'꿈'이라는 단어에 대한 사전적 정의는 다음과 같습니다.

- 잠자는 동안에 깨어있을 때와 마찬가지로 여러 가지 사물을 보고 듣는 정신 현상
- 실현될 가능성이 아주 적거나 전혀 없는 헛된 기대나 생각(네이버 국어사전)
- 수면 시 경험하는 일련의 영상, 소리, 생각, 감정 등의 느낌을 말한다. 희망 사항, 되고 싶은 직업, 목표 등을 일컫는 말(위키백과)

꿈에 대한 여러 가지 정의 중에서 우리가 이 책에서 이야기할 '꿈'이라는 단어는 '실현하고 싶은 희망이나 이상'입니다.

그럼 질문을 바꿔서 "당신의 꿈dream은 무엇인가요?"라고 질문한다면 여러분은 어떻게 대답하시겠습니까?

두번째 질문
드림Dream

당신의 '꿈Dream'은 무엇인가요?

나의 '꿈'은 | | 입니다.

세번째 질문
드림Dream

명사형, 동사형 꿈 동영상을 시청했다면 이제 자신의 꿈을 새롭게 정의해 보세요.

나의 '꿈'은 | | 입니다.

명사형, 동사형 꿈

꿈 속담

속담은 여러분이 아는 것처럼 예로부터 민간에 전해 내려오는 격언이나 잠언을 일컬으며, 오랜 역사적 생활 체험을 통해 이뤄진 인생에 대한 교훈이나 경계 따위를 간결하게 표현한 짧은 글입니다. 속담 중에는 실현하고 싶은 희망이나 이상이 담겨 꿈을 이루도록 도와주는 '꿈 속담'도 있습니다.

"마음에 있으면 꿈에도 있다"라는 속담이 있습니다. 마음속으로 간절하게 생각하고 있으면 간절하게 꿈꾸고, 그 간절함대로 바라는 바가 이루어진다는 말입니다.

기억하고 실천에 옮기면 꿈을 이루는 데 도움이 될 소중한 속담이 많습니다. 여러분이 알고 있는 '꿈 속담'이 있나요?

첫번째 질문
드림Dream

꿈을 이루도록 도와주는 속담인 '꿈 속담'을 찾아서 적어 보고 그 의미를 설명해 보세요.

꿈 속담 :

뜻 풀이 :

두번째 질문
드림Dream

꿈 속담 동영상에서 자신의 마음에 드는 속담을 선택하여 적고 그 뜻을 풀이해 볼까요?

꿈 속담 :

뜻 풀이 :

꿈 속담

세번째 질문
드림Dream

읽고, 보고, 듣고, 쓰는 것은 우리의 두뇌를 자극하여 내용을 잘 기억하도록 도와주는 역할을 합니다. 아래 속담 중 마음에 드는 것을 골라 직접 써 보세요.

* 주의를 기울여라. 구하지 않으면 찾을 수 없다.

* 시간을 이용할 줄 아는 사람은 하루를 사흘로 사용한다.

* 잔잔한 바다에서는 좋은 뱃사공이 만들어지지 않는다.

* 보석은 마찰없이 세공이 될 수 없고

  사람 또한 시련이 없이는 완벽해질 수 없다.

* 가지고 있다고 믿어라. 그러면 가지게 될 것이다.

* 항상 맑으면 사막이 된다.

  비가 내리고 바람이 불어야만 비옥한 땅이 된다.

* 계단을 밟아야 계단 위에 올라설 수 있다.

* 처음 시작은 가장 용기 있는 자만이 할 수 있다.

* 올바른 길 위에 있지 않다면, 달리는 것이 무슨 의미가 있을까?

꿈 명언

명언은 사리에 맞는 훌륭한 말이나 널리 알려진 말을 뜻합니다. 꿈을 가지고 살아간다는 것은 아주 중요한 일이죠. 그렇지만 그것은 쉬운 일이 아닌 것 같습니다. 어느 순간 꿈에 대해 잊고 사는 것은 아닌가 생각되는 순간이 있지는 않으신가요? 그런 순간이 올 때마다 꿈에 관한 명언을 곱씹어 본다면 꿈을 향해 한 걸음 더 가까이 다가갈 수 있을 것입니다.

앙드레 말로는 "오랫동안 꿈을 그리는 사람은 마침내 그 꿈을 닮아간다"라고 했습니다. 힘든 상황 속에서 실패를 맛보고 다른 사람보다 속도가 늦어도 자신의 일에 꾸준히 집중하면 결국 자신의 꿈에 도달할 수 있다는 의미가 내포되어 있는 명언입니다.

여러분은 어떠세요? 힘들고 어려운 시기에 떠오르는 자신만의 명언을 갖고 계신가요? 혹시 갖고 있지 않다면 이번 기회에 자신에게 힘이 되어 줄 '꿈 명언'을 찾아 보면 어떨까요?

첫번째 질문
드림Dream

힘들고 어려운 상황 속에서도 나에게 힘을 주는 명언을 적어 보세요.

꿈 명언 :

뜻 풀이 :

아래 제시된 '꿈 명언'을 모두 따라서 써 보세요.

* 승자의 주머니 속에는 꿈이 있고 패자의 주머니 속에는 욕심이 있다.

― 탈무드

* 꿈을 꾸세요. 그러면 그 꿈이 당신을 만들 것입니다.

― 로버트 J. 실러

* 꿈을 지녀라. 그러면 어려운 현실을 이길 수 있다.

― 릴케

* 미래는 꿈의 아름다움을 믿는 사람들에게 주어진다.

― 루즈벨트

* 오랫동안 꿈을 그리는 사람은 마침내 그 꿈을 닮아간다.

― 앙드레 말로

* 꿈을 계속 간직하고 있으면 반드시 실현할 때가 온다.

― 괴테

* 우리가 바라는 모든 꿈은 계속할 용기만 있다면 모두 이루어집니다.

― 월트 디즈니

꿈을 보다

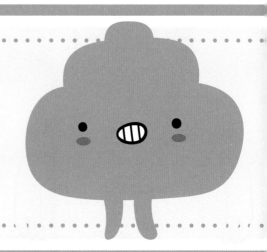

꿈 간판

'꿈 간판'이라는 말을 들어본 적이 있나요?

간판은 기관, 상점, 영업소 등에서 이름이나 판매 상품, 업종 등을 써서 광고나 홍보를 위해 사람들 눈에 잘 띄게 설치하는 안내판입니다.

우리에게 친숙한 도시의 풍경은 즐비한 건물과 넘치는 자동차들 그리고 바삐 오가는 행인들입니다. 특히 시내 중심가는 거리마다 빼곡하게 건물이 들어서 있고 각 건물에는 네온사인이 가득합니다. 독특한 가게 이름의 간판이 저마다의 빛으로 반짝이며 행인들의 눈을 사로잡습니다. 이 세상 모든 간판이 건물에 부착되기 전까지 얼마나 많은 시간과 노력이 녹아 들어갔

을지 꼭 경험해 보지 않아도 예측이 가능할 것입니다. 이들 간판 중에는 가게 이름이 업종과 걸맞게 잘 작명된 것도 있고 특이하게 잘 제작된 간판도 있는데 아마 여러분도 그런 간판을 보고 입가에 미소를 머금었던 기억이 있을 것입니다.

'꿈'이라는 단어나 의미를 포함하여 간판을 제작한 사람들은 어떤 생각으로 그와 같은 간판을 제작했을까요?

이 장에서는 여러분의 꿈을 대표하는 간판 이름을 지어보고 간판을 직접 디자인하여 제작하는 활동을 해 보려고 합니다. 혹시 꿈을 특정 상호로 표시할 수 없는 경우에는 자신의 꿈을 표현할 수 있는 시그니처signature●로 만들어 보는 것도 좋습니다. '꿈 간판'을 제작하는 과정에서 간판 이름을 생각하고, 디자인을 어떻게 해야할지, 또 시그니처로 표현을 하려고 고민하는 순간들은 여러분의 꿈을 찾는 데 또 한 걸음 가까이 다가설 수 있는 새로운 동기를 제공해 줄 것입니다. 이와 관련하여 제가 제작했던 시그니처와 함께 꿈 간판을 소개하고자 합니다.

● 　　사람이나 특정 물건을 대표할 수 있는 무언가를 나타내는 말

첫번째 질문
드림Dream

여러분은 '꿈'이라는 단어가 포함된 간판을 본 적이 있나요? 있으면 업종과 간판명을 적고, 없으면 여러분이 '꿈'이라는 단어를 포함하여 업종과 간판명을 지어 보세요.

업종 :

간판명 :

두번째 질문
드림Dream

가능하다면 여러분이 발견한 '꿈 간판'의 주인을 만나 간판 이름을 정하게 된 배경을 들어보고 정리하여 적어 보세요.

세번째 질문
드림Dream

이제는 여러분의 꿈과 관련된 업종과 간판 이름을 지어서 적어 보세요.

업종 :

간판명 :

세 번째 질문에서 작명한 간판 이름으로 간판을 직접 디자인해 볼까요? 꿈을 특정 상호로 표시할 수 없는 경우 자신의 시그니처를 만들어 보세요.

저자가 디자인한 시그니처

Seoul
서울중학교진로진학상담교사협의회

꿈 영상

'좋은 영화 한 편이 한 사람의 인생을 바꿔놓을 수도 있다'고 한다면 좀 과장된 표현일까요? 어떤 영화는 청소년들에게 '어떻게 살 것인가?', '무엇이 삶을 의미 있게 하는가?'라는 물음에 대한 답을 제시해 주기도 합니다. 영화나 애니메이션, 드라마와 같은 영상은 현대인에게 있어 매우 중요한 오락 장르입니다. 지금은 본인만 원한다면 인터넷을 통하여 전 세계의 미디어를 안방에서 손쉽게 시청할 수 있는 편리한 세상이 되었습니다.

자신의 꿈이 무엇인지도 모르고 하루하루를 숨가쁘게 살아가는 여러분에게 이제는 잠시 휴식을 취하며 숨을 돌릴 수 있는 '꿈 영상'을 소개해 드리고자 합니다.

〈불량소녀 너를 응원해!〉(도이 노부히로, 2015)와 〈소중한 날의 꿈〉(안재훈, 한혜진, 2011), 그리고 〈응답하라 1988〉(신원호 PD, 2015)입니다.

이 외에도 '꿈'과 관련된 영상을 소개하면 〈지상의 별처럼〉, 〈아름다운 세상을 위하여〉, 〈월터의 상상은 현실이 된다〉, 〈굿모닝 에브리원〉, 〈행복을 찾아서〉, 〈머니볼〉, 〈어느 축구팀의 감동 실화〉, 〈꿈의 구장〉, 〈쿨 러닝〉, 〈8마일〉, 〈나의 왼발〉, 〈빌리 엘리어트〉 등입니다.

불량소녀, 너를 응원해!

불량소녀 너를 응원해!

이 영화는 실화를 바탕으로 한 스토리로 남녀노소를 불문하고 자신의 경험을 영화 속 캐릭터에 대입해 볼 수 있는 기회를 제공하고, 보는 이의 추억과 공감을 불러냅니다.

전교 꼴찌 문제아 소녀가 일본의 최고 명문 게이오 대학에 합격하기까지의 과정을 다루고 있으며, 그 안에서 선생님과 학생, 부모와 자녀, 친구와의 관계와 개인의 꿈의 의미에 대해 생각할 수 있는 계기를 제공합니다. 다양한 대인 관계와 상황 속에서 관객들에게 유쾌한 긍정 에너지와 따뜻한 응원 메시지를 전하고 있습니다.

'츠보타' 선생님 역을 맡은 배우 이토 아츠시는 인터뷰에서 "이 작품을 통해 많은 분이 기적이라는 건 누구에게나 일어날 수 있는 일이란 것을 느낄 수 있었으면 한다"며 이 작품을 선택한 의미를 밝히기도 했습니다. 이러한 이유로 〈불량소녀, 너를 응원해!〉는 개봉 직후 많은 관객의 공감을 이끌어내며 9주간 박스 오피스 상위권에 자리했으며, 그 해 가장 많은 수익을 올린 실사 영화 3위에 등극하는 등 폭발적인 대중의 사랑을 받았습니다. 뿐만 아니라, 우디네 극동영화제, 뉴포트비치 영화제, 상하이국제영화제 등에서 연기상, 제작상, 관객상 부문 노미네이트 및 수상을 통해 작품의 높은 완성도까지 인정받았습니다.

〈불량소녀, 너를 응원해!〉는 믿음을 가지고 포기하

지 않는다면 평범한 우리에게도 기적은 일어날 수 있다는 긍정의 힘을 주는 대표적 '꿈 영화'입니다.

소중한 날의 꿈

이 영화는 첫사랑에 두근거리던 그 때 그 시절, 순수하기만 했던 그 시절로 떠나는 여행, 11년 만에 완성된 안재훈, 한혜진 감독의 장편 애니메이션입니다.

〈소중한 날의 꿈〉은 10만 장의 그림이 쓰인 블록버스터 애니메이션으로 전 세대를 아우를 수 있는 가족 공감 영화입니다. 부모님의 어린 시절과 현대에도 변하지 않는 첫사랑의 두근거림과 설렘을 느껴보고 미래를 꿈꾸던 순수했던 시절의 감성을 전하는 영화입니다.

시대적 배경은 넓게 확장해 본다면 1960년대부터 1980년대의 모든 시간을 담고 있다고 할 수 있습니다. 그 시절 어느 작은 마을의 떡집 딸 이랑의 사랑과 성장통을 담담하게 그려낸 이야기입니다.

학교 육상대회 때면 늘 우승을 하던 이랑은 어느 육상대회날, 달리다가 넘어지는 바람에 우승을 하지 못합니다. 그런데 알고보니 유일하게 잘한다고 생각했던 달리기에서 친구에게 추월당하자 지기 싫어서 고의로 넘어진 것이었습니다. 그리고는 자신만의 작은 비밀로 간직한 채 더 이상 달리지 않겠다고 다짐을 합니다. 지는 것이 두려워 도전하지 않게 된 것입니다.

때 맞춰 서울에서 전학 온 수민이와 친구가 되며 조

금씩 세상을 알아나가게 됩니다. 노래도 잘하고 시도 지으며 모든 일에 분명하고 자신감에 차있는 수민이를 좋아하게 되고 둘은 마음을 터놓을 수 있는 친구가 됩니다. 하지만 잘하는 것 하나 없는 자신의 모습과 비교하며 고민하기도 합니다.

어느 날 학교에서 철수가 비행실험을 하다 추락해서 다치는 바람에 한바탕 소동이 일어나는데 이랑은 그런 철수에게 호기심을 갖게 됩니다. 그러던 중 고장 난 라디오를 수리하러 전파사에 갔는데 삼촌 대신 수리를 하고 있는 철수를 만나게 됩니다. 비행과 우주탐사에 대한 꿈을 가지고 열심히 노력하는 철수에게 이랑은 마음을 빼앗깁니다.

이랑은 잘하는 것이 많은 수민이와 꿈을 향해 도전하고 나아가는 철수를 만나며 자신의 미래와 진로에 대해 더욱 고민하게 됩니다.

부모님 세대 젊은 날의 사랑과 성장통은 현재를 살고 있는 지금의 청소년들에게도 여전히 남아 있으며, 영화를 통해 과거의 이야기에서 찾아내 들려줍니다.

〈소중한 날의 꿈〉은 부모님의 학창 시절을 소환하여 꿈을 찾아가며 고민하는 여러 가지 문제들에 대한 대안을 찾아볼 수 있도록 돕는 '꿈 영화'입니다.

응답하라 1988   이 드라마는 응답하라 시리즈의 세 번째 작품으로 2015년 11월 6일부터 2016년 1월 16일까지 tvN에서 방영했습니다. 1988년 서울 도봉구 쌍문동 봉황당 골목을 배경으로 한 이야기로 온 가족이 함께 볼 수 있는 따뜻한 가족 이야기를 그렸습니다. 더불어 같은 골목에서 크고 자란 다섯 소꿉친구들의 사랑과 우정을 이야기합니다. 우리가 보낸 시간에 관한 아름다운 추억 이야기이며 지금의 청춘들에게 보내는 위로와 격려의 드라마입니다.

우리의 꿈에게 주는 울림이 강하며 횟수를 거듭할수록 우리가 어떻게 살아가야 할지를 깊게 생각해 볼 수 있는 시간을 갖게 하기도 합니다.

명대사가 많지만 그 중 아빠와 덕선이가 꿈에 대해 이야기하는 것을 소개합니다.

아빠 : 우리 덕선이는 꿈이 머대? 어떤 사람이 젤로 되고 잡허? 왜? 아! 꿈도 뭐 비밀이대?

덕선 : 없어… 난 꿈이 없어 아빠. 한심하지? 나 진짜 멍청한가 봐…

아빠 : 아이, 멍청하기 뭣이 멍청하대. 그 꿈은 시방 가지면 되지.

덕선 : 정말?

아빠 : 아! 정말이지. 아부지도 니 나이 때 아무 생각없이 살았어. 덕선아! 다 그래. 괜찮어! 너만 그런 거 아닝께 하나도 걱정하지 마. 아빠도 처음부터 은행원이 꿈이었는 줄 아냐. 아니야. 그냥, 그냥 먹고 살려고 바둥바둥대다가 되다 보닝께 여기까지 온 것이제…

덕선 : 그럼 아빠 지금 꿈은 뭐야? 그럼 아빠 시방 꿈은 뭐대?

아빠 : 아빠 시방 꿈은 우리 보라, 우리 덕선이, 우리 노을이 하나도 안 아프고 건강한 거… 아빠 꿈은 딱 그거 하나밖에 없어.

덕선 : 아니 내 꿈 말고 아빠 꿈. 아빠 꿈 뭐냐고~

아빠 : 그래야! 그게 아빠 꿈이어, 자식새끼 셋 다 건강하고 안 아픈 거. 그거 말고 아빠 꿈이 또 뭐 있대. 없어. 그 하나야.

꿈 그림

여러분은 꿈을 자주 꾸는 편이신가요? 꿈은 현실이 된다는 말에 대하여 어느 정도 신뢰하시나요?

꿈은 창조성의 원천이라고도 합니다. 여기 자신의 꿈을 현실화한 두 사람의 꿈 이야기를 소개하고자 합니다.

비틀즈의 멤버인 폴 매카트니는 어느 날 아침 꿈을 꿨습니다. 현악 앙상블을 들었는데 너무 생생해서 멜로디를 잊을 수 없었다고 합니다. 잠에서 깨자마자 멜로디를 연주해 보고는 아름다운 선율에 감탄했습니다. 다른 사람의 곡을 표절한 것이 아닐까 걱정한 매카트니는 한 달가량 지인과 음악산업 관계자들에게 이 멜로디를 들려주었는데 모두가 처음 들어본다고 말하자, 이 멜로디가 자신의 멜로디가 맞다는 확신을 갖고 가사를 붙였습니다. 처음의 가사는 'scrambled Egg'였지만 이후에 오늘날 우리가 알고 있는 가사로 바뀌면서 비틀즈의 명곡이 탄생했는데 그 곡이 바로 'Yesterday'입니다.

다음은 화학자 케쿨레가 벤젠의 고리 구조식을 발견하게 된 꿈 이야기입니다. 그는 어느날 꿈을 꾸었는데 꿈에서 탄소 원자로 만들어진 긴 사슬이 뱀처럼 꼬리를 물고 빠른 속도로 회전하는 것을 봤다고 합니다. 잠에서 깨어난 그는 꿈의 내용을 정리하여 벤젠의 고리 구조식을 발견했다고 합니다.

현대과학은 "폴 매카트니와 케쿨레는 자신의 분야에서 내로라하는 전문가로서 장기간 자신의 일에 대하여 고민을 많이 했고 오랜 시간 연구 활동을 통해 누적된 지식과 꿈이 결합하여 새로운 형태의 결과물로 나타나게 된 것"이라고 설명하고 있습니다.

메카트니나 케쿨레가 오랜 시간 자신의 분야에 집중하지 않았다면 꿈은 말 그대로 꿈으로만 끝날 확률이 높은 것이지요.

여러분도 자신이 집중해서 해결해야 할 일이 있다면 그 일을 해결하기 위해 오랜 시간 몰두하게 되고 꿈 속에서도 그와 관련된 일들이 나타나는 경험을 한 적이 있을 것입니다. 이처럼 꿈은 오래도록 생각하고 준비된 자에게 큰 의미로 다가올 수 있는 것입니다. 무언가 꿈 속에서 영감을 얻을 수 있는 상황은 오랜 시간의 고민이 필요하다는 것을 알 수 있습니다.

"꿈보다 해몽"이라는 말이 있듯이 꿈은 여러 가지 의미를 담고 있고 의식하지 못하는 사이에 많은 의미를 전합니다. 이 세상에 꿈을 꾸지 않는 사람은 없습니다. 단지 꿈을 기억하지 못하는 것뿐입니다. 꿈의 의미가 무엇인지 매달릴 필요는 없지만, 꿈이 없다면 삶은 너무 재미없을 것입니다. 꿈을 꾸기 때문에 희망을 꿈꾸고, 더 나은 앞날을 기대할 수 있는 것이지요.

앞에서 보여드린 '꿈 그림'을 감상하며 여러분은 무슨 생각을 하셨는지요? 매카트니와 케쿨레와 같이 내면에 숨겨져 있는 자신만의 창조성에 귀를 기울여 보는 것은 어떨까요?

첫번째 질문
드림Dream

여러분이 자주 꾸는 꿈은 어떤 꿈인가요? 자주 꾸는 꿈이 없다면 자신이 오랫동안 의식 차원에서 많이 고민하는 것은 무엇인지 적어 보세요.

기억에 남는 '꿈 그림'이 있다면 소개해 주시고, 그 그림이 왜 자신에게 '꿈 그림'으로 남아 있는지 적어 볼까요?

그림명 :

이유 :

꿈을 듣다

꿈 노래

어떤 노래를 들으면 그 노래를 들었던 당시의 분위기나 느낌, 심지어 냄새까지 소환되는 그런 경험, 여러분도 해 보셨나요? 노래는 우리를 기쁘게도 하고 슬프게도 하고 심장이 뛰게도 하고 잠잠하게 하기도 하는 마법과도 같은 강력한 힘이 있어요. 이번에는 우리에게 힘을 주는 꿈과 희망을 담은 노래를 듣고 또 불러 볼까요?

저는 워낙 노래 부르는 것과 듣는 것을 좋아하는, 나름대로는 '마니아'라고 할 수 있는데요. 제가 다른 사람들 앞에 서서 처음으로 노래를 부른 것은 고등학교 1학년 때였어요. 노래하는 것을 좋아해서 집에서 자주

저자가 부른 꿈 노래

부르곤 했었는데 어느 날 수업을 마치고 남은 시간에 선생님께서 갑자기 저에게 나와서 노래를 한 곡 해 보라고 말씀하셨어요. 친구들은 좋아서 소리를 질렀죠. "노래해! 노래해!" 어쩔 수 없이 엉거주춤 떠밀려 친구들과 선생님 앞에 선 저는 긴장이 되었지만 그냥 한번 불러보자 하는 마음으로 노래를 부르기 시작했어요. 평소 제가 매우 좋아하고 자주 듣고 따라 불렀던 머라이어캐리Mariah Carey의 'Hero'라는 노래를 불렀죠.

썩 잘 부른 것은 아니었지만 그 경험을 통해 용기가 생긴 저는 그 후로 제 생각이나 느낌, 혹은 희망적인 메시지를 담은 노래를 사람들 앞에서 부르는 것을 좋아하게 되었고 교사가 된 후에도 수시로 기회가 있을 때마다 학생들에게 노래를 불러주곤 한답니다.

제가 많은 사람 앞에서 처음으로 불렀던 노래이자 제가 근무하는 학교 축제 때 불렀던 노래인 'Hero'는 여러분 안에 있는 영웅을 일깨워주는 노래입니다.

머리이어캐리는 "당신의 슬픔은 녹아 없어지고, 이겨낼 힘을 가진 당신의 두려움을 사라지게 할 마법을 써 줄 거예요. 그러니까 희망이 사라졌다고 느낄 때 당신의 내면을 보고, 힘을 내세요. 당신은 진실을 볼 거예요. 영웅은 당신 안에 있어요"라고 노래합니다.

우리 마음 속에는 모든 고난과 슬픔을 이기고 견디며 맞서 싸울 수 있는 힘이 있습니다. 여러분은 모두 그 힘을 찾을 수 있습니다. 아무도 도와 주지 않는다고 느낄 때, 혼자라고 느낄 때 무서워하지 말고 자신의 내면을 보고 힘을 내세요. 모든 슬픔과 두려움을 이기고 나아갈 힘을 얻을 수 있을 것입니다.

힘들고 지칠 때 이길 수 있는 힘과 꿈을 꾸게 하는 노래를 즐겨 듣고 부르면 큰 도움이 됩니다. 여러분도 힘들 때 힘을 얻을 수 있는 노래, 자신의 꿈을 찾을 수 있는 노래를 찾아서 반복해서 듣고 부르시기 바랍니다.

첫번째 질문
드림Dream

여러분에게 희망을 안겨주었거나 무언가를 꿈꾸게 해주었던 노래는 무엇인가요? 노래 가사 중 어떤 부분이 가장 좋았는지 적어 볼까요?

한 해를 마무리하는 연말에 TV를 보면 방송국마다 빠짐없이 방영하는 프로그램이 있죠? 각 프로그램과 연예인들 그리고 배우들, 가수들을 대상으로 실시하는 시상식입니다. 제가 본 시상식의 순서 중에서 가장 인상 깊었던 축하공연이 있는데요. 바로 53회 백상예술대상 축하공연입니다.

우리가 스크린을 통해 만나는 유명한 배우들이 자리에 앉아 함께 하고 있었는데 그 중간 순서 중에 33인 단역배우가 함께 노래를 부른 무대가 있었습니다. '꿈을 꾼다'라는 노래를 불렀는데 그 무대를 지켜보던 주연 배우들 뿐 아니라 많은 시청자에게도 감동을 주었습니다. 찰나와 같은 짧은 순간에 화면에 등장하는 조연 혹은 엑스트라 배우들이 꿈을 잃지 않고 자신의 길을 하루하루 최선을 다해 걸어가는 삶의 모습이 정말 감동적이었습니다.

저는 가사 중에 "때론 마음먹은 대로 되지 않을 때도 있지만 지나간 세월을 돌아보면 괜히 웃음이 나와. 정신없는 하루 끝에 눈물이 날 때도 있지만 지나간 추억을 뒤돌아보면 입가엔 미소만 흘러. 꿈을 꾼다. 잠시 힘겨운 날도 있겠지만 한 걸음 한 걸음 내일을 향해 나는 꿈을 꾼다"라는 가사가 너무 좋습니다.

모든 일이 마음먹은 대로 되는 사람은 없습니다. 하루하루 열심히 살다보면 조금씩 이루어지는 것이 삶입니다. 햇빛만 있으면 사막이라는 말이 있습니다. 비도 오고 바람도 불어야 합니다. 힘들어 눈물이 나고 지쳐 쓰러질 때도 있지만 시간이 지나 돌이켜 보면 그 모든 것이 나에게 자양분이고 보물같은 시간이었음을 깨닫게 될 것입니다.

지금의 상황이 힘들고 내가 못나 보이고 맘에 들지 않아도 한 걸음 한 걸음 나아가면 됩니다. 그러면 꿈을 이룬 자신을 만나게 될 것입니다. 행복한 꿈을 꾸며 나아가시기 바랍니다.

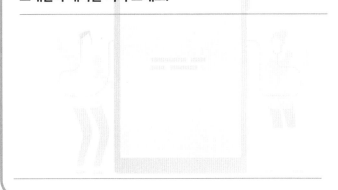

두번째 질문
드림Dream

인생에서 우연처럼 만나는 모든 것들은 다 어떤 의미가 있어서 우리에게 찾아오는 것이 아닐까요? 유튜브라는 미디어는 알고리즘을 통해 여러분의 관심 분야를 수없이 탐험할 수 있도록 도움을 줍니다. 나에게 꿈과 희망을 안겨주고 동기부여가 될 인생 노래를 여러분도 찾아보면 어떨까요? 찾았다면 어떤 노래인지 제목을 적어 보세요.

세번째 질문
드림Dream

여러분도 마음을 울리는 꿈 노래를 찾아 들어 보세요. 나만의 인생 노래를 지치고 힘들어하는 가족이나 친구들에게 소개해 주는 것은 어떨까요?

꿈 강연

　'꿈 강연'이란 자신이 언젠가 이루고 싶거나, 벌써 이루어 낸, 혹은 현재 이루어가고 있는 꿈에 대하여 청중에게 이야기를 하는 것을 말합니다.

　요즘은 초중고교에서 진로교육이 자리를 잡으면서 진로과목을 맡은 선생님들이 유튜브를 활용하여 다양한 진로교육 교재나 콘텐츠를 개발하고 있습니다. 전 세계적으로 청소년이나 노인들까지 널리 이용하는 인기 있는 진로교육 관련 영상을 꼽으라면 저는 망설이지 않고 1984년에 생긴 TED를 꼽을 것입니다.

　TED Technology, Entertainment, Design는 미국의 비영리 재단(현재 TED를 이끄는 기획자는 크리스 앤더슨으로 전직 컴퓨터 저널리스트이자 잡지 발행자였으며 새플링 재단에 속해 있다고 합니다)이 운영하는 강연회입니다. 정기적으로 기술, 오락, 디자인 등과 관련된 강연회를 개최하는데, 최근에는 과학에서 국제적인 이슈까지 다양한 분야와 관련된 강연회를 개최합니다. 한 마디로 각 분야의 최고 전문가나 남들이 이루지 못한 탁월한 업적이 있는 이들이 무대에 오르는 것입니다. 이중에는 노벨상 수상자도 있습니다. 강연은 18분 이내에 이루어지고, 이 강연 하나하나를 'TED TALKS'라고 합니다. 대부분 영어로 강연되지만 자막으로 번역되어 나오니 누구나 자국어로도 TED 강연을 무료로 들을 수 있습니다.

현재 TED의 구독자는 2,070만 명 정도(2022년 2월 현재)이며 TED는 미국뿐만 아니라 유럽, 아시아 등에서도 개최하고 있고, TEDx란 형식으로 각 지역에서 약 20분 정도의 독자적인 강연회를 개최하기도 합니다. 1984년에 TED가 창립된 이후 1990년부터 매년 TEDx가 개최되었으며 특히 TED 강연회와 기타 다른 강연회의 동영상 자료를 2006년부터 웹사이트에 올려 많은 인기를 끌고 있습니다. 2010년부터 '세상을 바꾸는 소망'을 가진 이들에게 TED상이 수여되고 있습니다. TED의 모토는 "널리 퍼트릴 가치가 있는 아이디어Ideas worth spreading"입니다. (이상 위키백과 참조)

자, 이제 그럼 여러분이 직접 TED 강연을 들어 보실까요? 제가 추천하는 몇 가지 강연입니다.

7살 강연자 : https://www.youtube.com/watch?v=aISXCw0Pi94

12살 강연자 : https://www.youtube.com/watch?v=Fkd9TWUtFm0

최다조회강연 : https://www.ted.com/talks/sir_ken_robinson_do_schools_kill_creativity

'나는 ~를 해보고 싶다' 강연 : https://www.youtube.com/watch?v=rKOkfk5IxQY

김영하 작가 강연 : https://www.ted.com/talks/young_ha_kim_be_an_artist_right_now

미국에 TED가 있다면 한국에는 무엇이 있을까요? 바로 '세바시'입니다.

저는 '세바시'라는 프로그램을 좋아합니다. '세바시'는 '세상을 바꾸는 시간, 15분'이라는 뜻을 줄여서 부르는 말인데요. 다양한 직업이나 배경을 가진 사람들이 출연하여 자신의 가치관이나 삶에 대한 이야기를 약 15분간 나누는데, 얼마나 큰 감동을 주는지 모릅니다. 15분의 짧은 시간이지만 말 그대로 '세상을 바꾸는 시간'을 우리에게 선사해줍니다. 여러분도 '세바시' 프로그램을 본 적이 있으시죠? 꿈이나 행복과 관련된 세바시의 수많은 강연에서는 '성공'과 '행복' 그리고

'꿈'이라는 개념을 자신의 삶 속에서 다양한 방식으로 풀어나갑니다.

저는 당당하고 멋진 모습으로 방송에 자주 등장하는 이영지 래퍼의 '내가 과하다고? 그건 내가 정해!', 미국인으로서 한국에서 활발한 방송 활동을 하고 있는 타일러 라쉬의 '하고 싶어요와 되고 싶어요의 차이를 아시나요?', 그리고 자신이 좋아하는 디즈니 애니메이션 속의 인물 목소리를 똑같이 재현해내는 임한올 크리에이터의 '좋아하는 일을 성공하는 일로 바꾸는 비법' 등의 영상을 보면서 큰 감동을 받았습니다.

여러분도 세바시가 아니어도 유튜브에서 '꿈 강연', '진로 강연'이라고 검색해서 자신의 마음을 끌어당기는 제목의 강의를 들어 보세요! 여러분 삶의 터닝포인트가 바로 '오늘 이 순간'일지도 몰라요.

첫번째 질문
드림Dream

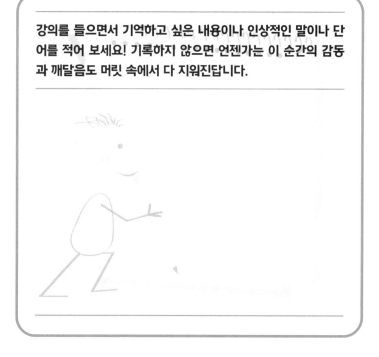

강의를 들으면서 기억하고 싶은 내용이나 인상적인 말이나 단어를 적어 보세요! 기록하지 않으면 언젠가는 이 순간의 감동과 깨달음도 머릿 속에서 다 지워진답니다.

두번째 질문
드림Dream

여러분은 어떤 강의를 들었나요? 짧지만 강한 말의 힘! 오늘 들은 꿈 강연을 통해 느낀 점이나 떠오른 생각(영감)이 있다면 차분한 마음으로 적어 볼까요?

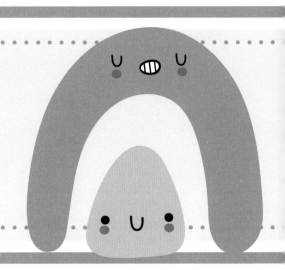

꿈을 읽다

꿈 책

입시나 중요한 면접 자리에서 빠지지 않고 나오는 질문은 무엇일까요? 여러분께서 잘 아시는 바와 같이 "최근에 읽은 책 중에서 감명 깊었던 책은 무엇입니까?"라는 것입니다. 책을 읽으면 그 사람의 '꿈'이 생기게 되고 꿈을 이루는 방법을 알게 되고 꿈을 실천하는 의지와 힘이 생기게 됩니다.

최근에 '꿈'과 관련한 주제로 출간된 〈달러구트 꿈 백화점〉(이미예, 팩토리나인)이란 책이 있는데 정식 출간한 지 1년 만에 속편을 들고나올 정도로 독자들의 폭발적인 사랑을 받고 있습니다. 신선한 소재로 독자들의 마음을 사로잡은 〈달러구트 꿈 백화점〉을 잠시 소개해 드리고자 합니다.

이 책에서 가장 관심을 끈 내용은 '올해의 꿈' 시상식 장면인데요, 바로 1995년도 '올해의 꿈' 시상식에서 1등을 한 꿈에 대한 내용입니다. 여러분도 한번 같이 생각해 보실까요? '올해의 꿈' 시상식에서 1등을 차지한 꿈은 다음 중 어느 것일까요?

– 태평양을 가로지르는 범고래가 되는 꿈

– 부모님으로 일주일간 살아보는 꿈

– 우주를 유영하며 지구를 바라보는 꿈

– 역사 속 인물과 티타임을 가져보는 꿈

– 난임 부부의 세쌍둥이 꿈

책의 본문에서는 '태평양을 가로지르는 범고래가 되는 꿈'을 구매한 사람이 가장 많아서 1위를 차지했습니다. 상상만 해도 재미있지 않나요? 기회가 된다면 여러분도 일독하시길 권합니다.

첫번째 질문
드림Dream

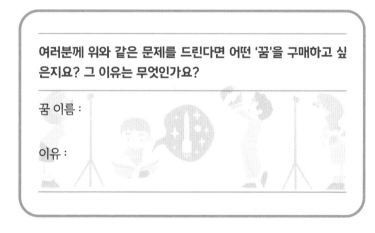

여러분께 위와 같은 문제를 드린다면 어떤 '꿈'을 구매하고 싶은지요? 그 이유는 무엇인가요?

꿈 이름 :

이유 :

모든 독서는 읽는 사람이 꿈을 갖게 하고, 꿈을 이루어가는 데 도움을 줍니다. 자신이 갖고 싶은 직업이나 혹은 자신의 롤모델을 다룬 책을 스스로 골라서 정독하는 것은 '꿈'을 이루는 빠른 길이 될 수 있을 것입니다.

최근 꿈과 진로에 관련된 좋은 도서가 많이 출간되면서 자신의 꿈을 찾는 사람들이 도움을 받고 있습니다. 이 장에서는 꿈과 진로를 찾는 데 도움이 될 도서 몇 권을 소개하고자 합니다.

꿈 추천 도서목록

1. 놓치고 싶지 않은 나의 꿈 나의 인생	국일미디어(2021, 나폴레온 힐, 권혁철 역)
2. 꿈 스케치	국일미디어(2017, 임영복, 나요한 공저)
3. 세바시 인생질문 1~3권	세상을 바꾸는 시간 15분 (2020, 세바시 인생질문 출판 프로젝트팀)
4. 달러구트 꿈 백화점 1, 2	팩토리나인(2020, 이미예)
5. 책에서 찾은 나의 꿈 나의 인생	굿웰스북스(2021, 김기덕)
6. 16살, 네 꿈이 평생을 결정한다	대경북스(2021, 김재헌)
7. 꿈을 이루는 독서법	샘터(2018, 이토 마코토, 김한결 역)
8. 인생의 마지막 순간에서	비잉(2019, 샐리 티스데일, 박미경 역)
9. 청년 도배사 이야기	궁리(2021, 배윤슬)
10. 뭐가 되고 싶냐는 어른들의 질문에 대답하는 법	미래엔아이세움(2021, 알랭 드 보통, 인생학교 공저, 신인수 역)
11. 나는 나에게 좋은 사람이고 싶어	스튜디오오드리(2021, 라비니야)
12. 내가 상상하면 꿈이 현실이 된다	미래지식(2018, 김새해)
13. 내 꿈을 열어주는 진로 독서	꿈결(2013, 임성미)
14. 행운 사용법	문학 동네(2013, 김민기, 조우석 공저)
15. 멈추지마, 다시 꿈부터 써봐	꿈꾸는 지구(2019, 김수영)
16. 꿈 내비게이션	국일미디어(2021, 오영근, 한금실 공저)

두번째 질문
드림Dream

위의 '꿈' 추천 도서 목록에서 한 권을 골라 읽는다면 어떤 책을 읽고 싶은가요? 그 이유는 무엇인가요?

꿈 책 :

이유 :

세번째 질문
드림Dream

선택하여 읽은 책은 여러분께 어떤 도움을 주었나요?

꿈을 그리다

어떻게 내 꿈을
그려갈 수 있을까?

Visualizing Dream

태어날 때부터 꿈을 가슴에 품고 나오는 사람은 없습니다. 아이가 자라면서 눈으로 여러 가지 사물을 보고, 귀로 다양한 소리를 듣고, 말과 글을 배우고 익히면서 꿈이라는 것을 알게 됩니다. 만약 그 아이가 집이나 학교에서 꿈을 강조하는 부모나 교사를 만난다거나, 꿈을 소중하게 여기는 교육환경을 경험한다면 남보다 일찍 '자아'와 '꿈'에 관해 눈을 뜨고 관심도 가지게 될 것입니다. 그런데 아이들이 꿈을 찾을 수 있게 도와주는 것과 아이들에게 꿈을 강요하는 것은 크게 다릅니다. 강요된 꿈은 오히려 아이들을 숨막히게 할 수도 있습니다.

교육부가 '꿈과 끼를 살리는 행복한 교육'을 슬로건으로 내걸고 초중고교에서 진로교육을 본격화한 지도 벌써 10년이 되어갑니다. 전국 대부분의 중학교와 고등학교에는 진로교사가 배치되어 1주일에 최소 1시간은 '꿈과 끼를 살리는 행복한 교육'을 하고 있습니다. 이러한 시도는 세계 어느 나라에도 유례를 찾아볼 수 없는 유일무이한 일로 세계교육사에 기록될 특이한 현상입니다.

그러나 여전히 우리 교육은 대학진학을 위한 입시경쟁의 틀에서 벗어나지 못하고 있습니다. 더욱 안타까운 것은 수능 점수에 맞추거나 부모의 강요에 못이겨 적성과 흥미를 무시한 채 학과를 선택하고 대학교에 입학한다는 것입니다. 대학교에 가서도 각종 스펙을 쌓고 자격증을 따지만 취업하기가 낙타가 바늘구멍 들어가는 것보다 어렵습니다. 몇십 대 일, 몇백 대 일의 경쟁률을 뚫고 취업을 하지만 막상 일을 시작하면 자기 전공이나 적성과 맞지 않아 갈등하는 친구들이 많습니다. 남들이 부러워 하는 회사에 입

사를 했지만 적응하지 못하고 퇴사를 하거나 취업 재수를 하는 비율이 무척 높다고 합니다. 여기서 우리는 미래 우리나라 주인공들이 삶과 꿈의 불일치를 겪고 있음을 보게 됩니다. 안타까운 일입니다. 더 이상 이래서는 안 됩니다.

《청소년을 위한 꿈꾸는 다락방 꿈노트》는 꿈과 삶이 일치하지 않는 사람들이 있어서는 안 된다는 심각한 문제의식을 바탕으로 쓴 것입니다. 저에게도 꿈이 있습니다. 이 책을 읽고 책 속의 과제를 성실하게 수행한 사람은 남이 강요하는 꿈이 아닌 자신이 원하는 꿈을 찾고, 그 꿈에 과감히 도전하여 마침내 그 꿈을 이루고, 그 꿈의 열매를 이뤄 이웃과 함께 나누는 사람이 되는 것, 그것이 저의 꿈입니다.

우리 청소년들이 단순히 건물주를 꿈꾸는 세상이 아니라, 자신이 원하는 꿈을 부모의 도움 없이 스스로의 힘으로 이루어가는 창업을 꿈꾸기 기대합니다. 금수저 흙수저라는 단어가 더 이상 신문기사와 사람들 입에 오르내리지 않고 우리나라가 건강하고 행복한 꿈수저들로 넘쳐나는 나라가 되기를 바랍니다. 이 책을 손에 들고 계신 여러분이 바로 꿈수저입니다.

꿈을 외치다

꿈 선언

우리는 초중고등학교를 다니면서 수많은 선생님과 만나고 헤어집니다. 그 많은 선생님 가운데 가장 기억에 남는 선생님은 누구이신가요?

10여 년 전에 스승의 날을 앞두고 'ㅊ'사에서 '가장 기억에 남는 선생님'을 설문조사한 결과, 학생 응답자의 40%와 학부모의 66%가 '칭찬을 많이 해준 선생님'이 가장 기억에 남는다고 대답했고, 또 '개인적인 고민 상담을 많이 해준 선생님(25%)'과 '유머러스한 선생님(21%)'이 기억에 남는다고 답했습니다. 또한 'ㅈ'사에서 고교생 1,180명을 대상으로 가장 좋아하는 선생님을 설문조사한 결과 1위는 '학생들에게 관심을 두는 선생님(52%)'이었습니다(경향신문, 2010. 5. 10일자 참조). 두 설문조사에서 1위를 한 응답을 하나로 합치면 가장 기억에 남는 선생님은 '칭찬을 많이 해주고 관심을 가져주는 선생님'입니다.

저는 개인적으로 '학생의 꿈을 응원해 주고 이름을 기억해 주는 선생님'이 기억에 남을 것 같습니다. 개인적으로 22년 간 학교에서 학생들을 가르치면서 저도 학생들의 기억에 남으려고 나름대로 많은 시도와 노력을 한 것 같습니다. 많은 시도와 노력 중에서 제가 자랑삼아 말하는 것이 바로 '꿈 출석 부르기'입니다. 꿈 출석 부르기는 꿈 선언의 한 형태로서 출석을 부를 때 학생들이 자신이 장차 이루고 싶은 꿈이나 하고 싶은 일을 말로 표현하는 것입니다. 아래 그림은 과학자가 되고 싶어하는 학생과 유치원 선생님이 되고 싶어하는 학생이 사람들 앞에서 자신의 꿈을 말로 표현하고 있는 모습입니다. 꿈 출석 부르기는 어떤 수업시간이나 행사에서도 활용이 가능합니다. 이와같은 꿈 선언이 심리학적으로 어떤 효과가 있는지 알아볼까요?

그림 ⓒ 박주영

여러분은 "말이 씨가 된다"는 말을 많이 들어보셨을 것입니다. 이는 평소 자주 하는 말이 그 사람의 사고방식이나 행동습관에서 비롯된 것이기 때문에 말은 그 사람의 삶으로 연결된다는 뜻입니다.

또한 '공개 선언 효과'라는 말도 있는데 이는 어떤 사람이 자신이 이루고자 하는 목표를 세웠을 때, 그것을 공개적으로 선언하면 그 목표를 끝까지 실천할 가능성이 커지는 효과를 말합니다. 이는 사람들이 자신의 생각을 타인에게 공개적으로 밝힘으로써 자신이 한 말과 행동을 일치시키려는 심리를 가지고 있다는 것에 바탕을 두고 있습니다.

심리학자 스티븐 헤이스가 대학생들을 대상으로 목표하는 시험 점수를 공개한 집단과 그렇지 않은 집단을 비교한 결과에 따르면, 목표 점수를 공개한 집단의 시험 점수가 그렇지 않은 집단에 비해 현저히 높은 것으로 나타났다고 합니다.

공개 선언은 금연이나 금주, 다이어트나 운동을 야심차게 시도하려는 사람이 자신의 부족한 의지를 키우기 위해 많이 활용하는 방법이기도 합니다. 여러분도 아마 비슷한 경험이 있을 겁니다. 뭔가를 시작하기 전에 늘 자신을 지켜보는 가족이나 친한 친구들 앞에서 공개적으로 포부나 계획을 말함으로써 자신을 신뢰하고 기대하는 사람들을 의식하며 스스로를 채찍질하는 심리적 효과를 노리는 것이지요.

제가 학교 수업시간이나 학부모, 교사를 위한 진로교육 강의에서 실행하는 '꿈 출석 부르기'는 '말이 씨가 된다'는 말과 '공개 선언 효과'를 융합한 활동입니다. 꿈을 머리나 가슴 속에 담아두지 않고 용기를 내어 말로 과감히 선언할 때 그 꿈은 더욱 구체화되고 실천의지도 커진다는 것이 꿈 출석 부르기의 목표입니다.

여러분도 '꿈 선언하기'를 실제로 해보면 효과를 실감하게 될 것입니다.

청소년들에게 꿈을 이야기 해 보라고 하면 "유튜버가 되고 싶어요", "서울에 있는 대학교에 진학하고 싶어요" 등 자신이 원하는 직업이나 진학하고 싶은 학교, 하고 싶은 활동 등을 매우 적극적으로 말하고, 50~60대 장년 어른들은 "혼자서 세계일주를 하고 싶어요" 등 젊었을 때 시도하지 못했던 일이나, 이루지 못한 꿈들을 간절하게 말하는 반면, 70~80대 어르신들은 "다 늙은 사람이 무슨 꿈이 있겠어~", "그저 자식들이나 잘 되고 잘 살면 돼", "얼마 남지 않은 시간 동안 그냥 아프지 않게 살다가 편히 눈감으면 좋겠어" 등 자녀가 잘 되는 것과 편안한 죽음을 염원하는 분들이 많습니다.

저는 앞으로 중장년 어른들과 노년의 어르신들이 새롭고 활기차게 인생을 살아가도록 '꿈학교'를 세우려는 꿈을 갖고 있습니다. 그리고 꿈학교와 더불어 '꿈백화점을 차리는 것'이 또다른 꿈이기도 합니다. 꿈백화점은 '꿈수저'를 비롯하여 '꿈모자, 꿈안경, 꿈목걸이, 꿈옷, 꿈장갑, 꿈양말, 꿈밥, 꿈반찬, 꿈차, 꿈과자, 꿈커피, 꿈자전거, 꿈자동차, 꿈가방' 등 꿈상품이 가득한 곳입니다. 생각만 해도 신이 납니다. 여러분 모두 꿈백화점에 들러주세요. ^^

첫번째 질문
드림Dream

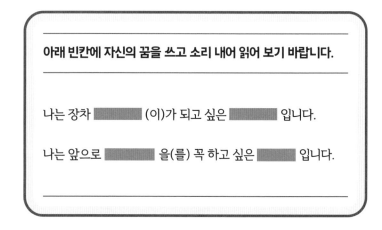

아래 빈칸에 자신의 꿈을 쓰고 소리 내어 읽어 보기 바랍니다.

나는 장차 ▆▆▆ (이)가 되고 싶은 ▆▆▆ 입니다.

나는 앞으로 ▆▆▆ 을(를) 꼭 하고 싶은 ▆▆▆ 입니다.

두번째 질문
드림Dream

자신의 꿈을 글로 써서 소리 내어 읽어 보니 어떤가요?

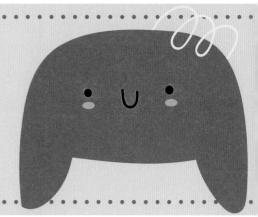

꿈을 쓰다

꿈 챌린지

이탈리아 북동부 아드리아 해변의 작은 마을인 페르모의 돈 보스코 고등학교 교사 체사레 카타Cesare Catà가 내준 여름방학 숙제가 이탈리아 전역에서 화제를 일으키고 지금은 전 세계적으로 알려져 큰 울림을 주고 있습니다.

카타가 내 준 숙제는 '방학 동안 일출을 감상하고, 미래를 꿈꾸며, 책을 읽어야 한다'는 것이었습니다. 이 숙제를 통해 학생들에게 멋진 삶을 사는 법을 알려주고 싶었습니다.

카타는 "영화 〈죽은 시인의 사회〉의 키팅 선생님을 롤모델로 삼고 학생들을 가르친다"고 말합니다. 그는

"학생은 성장을 위한 도구로 문학, 철학, 문법을 생각할 수도 있겠지요. 하지만 제가 생각할 때, 청소년기의 학생들에게 여름의 햇빛 또한 특별하고 정신적인 영향을 줄 수 있을 것 같아요"라고 말했습니다.

그가 자신의 페이스북을 통해 공개한 열다섯 가지의 여름방학 숙제는 다음과 같습니다.

1. 가끔 아침에 혼자 해변을 산책하라.

햇빛이 물에 반사되는 것을 보고 네가 인생에서 가장 사랑하는 것들을 생각하라. 행복해져라.

2. 올해 우리가 함께 익혔던 새로운 단어들을 사용해 보라.

더 많은 걸 말할 수 있게 되면 더 많은 걸 생각할 수 있게 되고, 더 많은 걸 생각할 수 있게 되면 더 자유로워진다.

3. 최대한 책을 많이 읽어라. 하지만 읽어야 하기 때문에 읽지는 마라.

여름은 모험과 꿈을 북돋우기 때문에, 책을 읽으면 날아다니는 제비 같은 기분이 들 것이다. 독서는 최고의 반항이다. (무엇을 읽어야 할지 모르겠다면, 나를 찾아와라)

4. 네게 부정적인 혹은 공허한 느낌을 들게 하는 것, 상황, 사람들을 피하라.

자극이 되는 상황과 너를 풍요롭게 하고, 너를 이해하고, 있는 그대로의 너를 인정하는 사람들을 찾아라.

5. 슬프거나 겁이 나더라도 걱정하지 마라.

여름은 영혼을 혼란스럽게 할 수 있다. 너의 느낌을 이야기하는 방법으로 일기를 써 봐라. (너가 수락한다면, 개학 후에 함께 읽어보자)

6. 부끄러움 없이 춤을 추어라.

집 근처의 댄스 플로어에서 혹은 너의 방에서 혼자 춰도 된다. 여름은 무조건 춤이다. 춤을 출 수 있을 때 추지 않는 건 어리석은 일이다.

7. 최소한 한 번은 해가 뜨는 것을 보아라.

말없이 숨을 쉬어라. 눈을 감고 감사함을 느껴라.

8. 스포츠 활동을 많이 하라.

9. 너를 황홀하게 만드는 사람을 만나면 최대한 진심으로 정중하게 말하라.

상대가 이해하지 못해도 상관없다. 이해하지 못한다면 그 사람은 너의 짝이 아니었던 것이다. 이해한다면 앞으로의 여름은 황금 같은 시간이 될 것이다. (이게 잘 되지 않았다면 8번으로 돌아가라)

10. 우리 수업에서 필기했던 것을 다시 훑어보라.

우리가 읽고 배웠던 것들을 너에게 일어났던 일들과 비교해 보라.

11. 햇빛처럼 행복하고 바다처럼 길들일 수 없는 사람이 되어라.

12. 욕하지 마라.

늘 매너를 지키고 친절하게 행동하라.

13. 언어 능력을 기르고 꿈꾸는 능력을 늘리기 위해 가슴 아픈 대화가 나오는 영화를 봐라 (가능하다면 영어로).

엔딩 크레딧이 올라간다고 영화가 끝나는 것은 아니다. 너의 여름을 살고 경험하며 다시 한번 너만의 영화를 살아보아라.

14. 빛나는 햇빛 속이나 뜨거운 여름 밤에 네 삶이 어떻게 될 수 있는지, 어떻게 되어야 하는지 꿈꾸어 보아라.

여름에는 포기하지 않기 위해서, 꿈을 좇기 위해서 네가 할 수 있는 일을 다 하라.

15. 착하게 살아라.

첫번째 질문
드림Dream

위 과제 중 도전해 보고 싶은 것이 있다면 무엇인가요?

두번째 질문
드림Dream

그동안 해 본 숙제나 과제 중에서 가장 기억에 남는 것은 무엇인가요?

세번째 질문
드림Dream

앞으로 도전해 보고 싶은 과제가 있다면 무엇이 있을까요?

꿈 편지

단풍이 곱게 물든 어느 가을 날 오후, 꿈샘이 예쁜 편지지를 나눠주시며 말씀하십니다.

"자, 오늘 여러분에게 드리는 특별한 미션, '꿈 편지 쓰기'입니다."

꿈 편지란 미래 언젠가 자신의 꿈이 이루어질 것을 상상하며 쓰는 편지를 말합니다. 지금 자신이 꾸고 있는 꿈이 어떤 직업이어도 좋고, 아니면 어떤 활동이라도 상관없습니다. 그 직업을 얻거나 그 활동을 완수하는 모습을 마음속에 그리며 생생하게 써보기 바랍니다.

오래 전부터 사람들은 편지로 누군가에게 소식이나 안부를 전했습니다. 기쁨과 슬픔, 그리움이나 이런저런 사연들을 편지에 담아 보냈지요. 밤새워 쓴 편지를 우체통에 넣고 답장을 기다리면서 애를 태우기도 했지요. 사랑과 우정, 그리움과 설레는 마음을 담은 편지는 낭만의 상징이기도 했답니다.

그런데 요즘엔 누군가에게 편지를 쓰는 사람이 거의 없는 것 같습니다. 대부분이 SNS로 소통하는 요즘에는 편지를 쓴다는 것이 무척 낯설게 느껴집니다. 더구나 내가 나에게 꿈이 담긴 편지를 쓴다는 것은 쉽지 않은 일이지요.

그래도 한번 써봅시다. 여러분이 지금 꾸고 있는 꿈이 이루어졌다고 상상하며 말입니다. 오늘 여러분이

쓰는 꿈 편지는 선생님이 보관해 두었다가 언젠가 여러분이 여러분의 꿈이 그리워 편지를 보고 싶으면 그 때 부쳐줄게요. 마치 느린 우체통처럼 말입니다.

느린 우체통은 시간에 쫓기고 빠른 속도에 익숙해진 현대인에게 손 편지의 감동, 느림과 기다림의 미학을 전해 주는 특별한 우체통입니다. 일반 우체통에 넣은 우편물은 며칠 내로 전달되지만, 느린 우체통에 넣은 우편물은 6개월에서 1년이 지난 뒤 적어 둔 주소로 보내지며 시간이 지난 뒤 당시의 추억을 되돌아보게 하고, 새로운 감동을 전해주는 특별한 우체통입니다.

전국의 모든 학교나 공원에 느린 우체통과 비슷한 꿈 우체통이 있어서 자신이 원하는 날짜에 배달이 되면 참 좋겠다는 상상을 해 봅니다.

꿈을 이룬 미래의 나에게 보내는 꿈 편지를 써 보세요.

_____에게

20   년   월   일

미래의 성공한 나를 만나고 싶은   보냄

두번째 질문
드림Dream

다른 누군가가 읽어준 꿈 편지 사연을 들어보고 느낀 점이 무엇인지 적어 보세요.

세번째 질문
드림Dream

내가 쓴 꿈 편지를 낭독한 후 무엇을 느꼈는지 적어 보세요.

꿈 책 디자인

"사람은 책을 만들고, 책은 사람을 만든다!"는 말이 있습니다. 교보문고 창업자인 신용호 회장이 한 말입니다. 독일의 소설가이자 극작가인 마르틴 발리도 "우리는 우리가 읽는 것으로 만들어진다"고 했습니다.

어떤 책을 읽는지를 보면 그 사람이 어떤 사람인지 알 수 있습니다. 이처럼 책은 사람에게 큰 영향을 끼칩니다. 독자들에게 좋은 영향을 주는 책을 만든다면 참 멋진 일이겠죠?

첫번째 질문
드림Dream

**"사람은 책을 만들고, 책은 사람을 만든다"는 글을 보고 느낀
소감을 자유롭게 써 보세요!**

예: 난 아직 책을 써 본 적이 없어서 실감이 나진 않지만, 누군가
가 쓴 책으로 내가 조금씩 사람이 되어가는 것을 느낀다. 나
도 내 생각과 경험을 담은 책을 써서 누군가에게 도움을 주
고 싶다.

두번째 질문
드림Dream

여러분도 미래에 책을 쓰게 될 작가라는 생각을 해 봅시다. 여러분이 평소에 쓰고 싶었던 책이 있나요? 어떤 책인지 개요를 적어 보세요.

책 제목	
분야 (시, 수필, 소설, 그림책, 자기계발, 기타)	
줄거리 또는 키워드	
주요 독자층	
가격	
표지 디자인	
홍보방법	
추천인	
이벤트	

세번째 질문
드림Dream

미래에 어떤 책의 저자가 된다고 상상하니 어떤 느낌이 드나요?

네번째 질문
드림Dream

자신이 처음 쓴 책의 출판기념회를 한다고 가정하고 그 때의 기념사를 간단히 써 보세요.

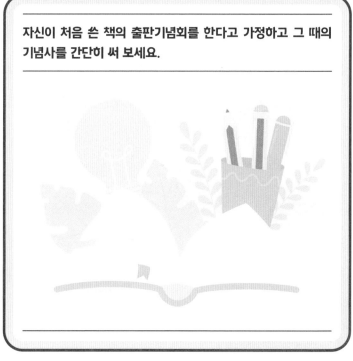

꿈 시

모든 사람은 시인입니다. 사람들은 누구나 자신이 가진 생각을 짧은 글이나 말로 옮길 수 있기 때문이지요. 세상에 정말 많은 시가 있지만 저는 그 중에서도 꿈을 표현한 시를 좋아합니다.

먼저, 시인 백석을 너무나도 흠모한 화가 조셉 몽우 킴의 '꿈'이라는 시를 소개합니다.

꿈
조셉 몽우 킴

사람은 꿈을 꿀 때
가장 아름다운 존재가 된다
과거와 미래가 뒤섞인 꿈 속에서
인간은 인간으로서의 모습을 찾는다
꿈은
삶을 바꿀 수 있는
무한의 열쇠다

짧은 시지만 긴 여운이 느껴집니다. 여러분도 이 시처럼 꿈을 꿀 때 아름답게 변하는 자신을 느낍니까?

시인 김소월 선생님도 '꿈'이라는 시를 남겼습니다. 이 시는 얼마 전에 별세하신 가수 최희준 님이 노래로도 불렀습니다.

꿈

김소월

닭 개 짐승조차도 꿈이 있다고
이르는 말이야 있지 않은가

그러하다 봄날은 꿈꿀 때
내 몸에야 꿈이나 있으랴

아아 내 세상의 끝이여
나는 꿈이 그리워
꿈이 그리워

다음은 정호승 시인의 '나의 꿈'이라는 시입니다. 잠시 시간을 내서 이 시를 인터넷에서 검색하여 찾아보고 (   )안에 들어갈 말을 채워 보세요.

돌멩이로 (   )을 만든다
흙으로 (   )을 짓는다
풀잎으로 (   )을 만든다
강물로 (   )을 끓인다
함박눈으로 (   )을 찐다
노을로 (   )를 만든다
이 세상에 (   ) 사람이 아무도 없도록

저는 이 시를 읽다보면 마음이 따뜻해지고 훈훈해져 옵니다. 여러분은 어떠신가요?

저의 '꿈수저'라는 시를 소개해 드리겠습니다.

꿈수저

박영하

금수저 은수저 흙수저

나는 다 싫다

나는 꿈수저다

모든 사람은 시인이라고 했습니다. 여러분의 가슴에 살아있는 시심을 잘 일깨워 평소에도 좋은 시를 많이 감상하고 시도 써 보세요.

삶을 구성하는 아름다운 요소들이 있습니다. 바로 사랑과 나눔이지요. 성경(고린도전서 13:4~7)에는 사랑에 관한 아름다운 시가 실려 있습니다.

고린도전서

13:4~7

"사랑은 오래 참고 사랑은 온유하며

투기하는 자가 되지 아니하며

사랑은 자랑하지 아니하며

교만하지 아니하며 무례히 행치 아니하며

자기의 유익을 구하지 아니하며 성내지 아니하며

악한 것을 생각지 아니하며

불의를 기뻐하지 아니하며

진리와 함께 기뻐하고

모든 것을 참으며 모든 것을 믿으며

모든 것을 바라며 모든 것을 견디느니라"

여러분은 이 시의 어느 부분에 가장 공감이 가나요? 여러분에게 사랑을 정의하라고 하면 무엇이라고 하겠습니까?

사랑은 ▨▨▨▨▨▨▨▨▨▨▨▨▨▨ 것이다.

저는 사랑을 나눔이라고 생각합니다. 사람이 행복해지는 비결도 나눔이라고 생각합니다. 스웨덴에서 활동하고 있는 시인이자 음악가인 레이프 크리스티안손의 시는 나눔에 대해 깊은 생각을 하게 합니다.

우리가 할 수 있는 것
레이프 크리스티안손

우리에겐 이 세상을 볼 수 있는 눈이 있고
사람들 이야기를 들을 수 있는 귀가 있어.
우리에겐 또 보고 들은 것을 나눌 수 있는 입도 있지.
우리에겐 우리를 필요로 하는 사람들에게
다가갈 수 있는 다리가 있고
도움이 필요한 사람들에게 내밀 수 있는 손도 있어.
우리에겐 사랑이 필요한 사람들을
꼭 안아 줄 수 있는 팔이 있고
지친 사람들이 머리를 기댈 수 있는 어깨도 있지.
우리에겐 또 어떻게 하면
다른 사람에게 힘이 될 수 있는지를
생각할 수 있는 머리가 있고
좋은 생각이 떠오르지 않을 때면

가만히 느껴 볼 수 있는 가슴이 있지.

우리가 할 수 있는 일이

이렇게 많다는 것을 생각해 본 적 있니?

우리 모두가 말이야.

'내가 할 수 있는 것'에 대해 생각해 보고 어떤 것이 있는지 적어 보세요.

나에겐 ....할 ....이 있지.

나에겐 ....할 ....이 있지.

나에겐 ....할 ....이 있지.

나에겐 ....할 ....이 있지.

Chapter 2   꿈을 그리다

두번째 질문
드림Dream

여러분도 '꿈'이라는 주제로 시 한 수를 지어 보세요.

청소년을 위한 꿈꾸는 다락방 꿈노트

꿈 손글씨

꿈 손글씨는 꿈에 관한 자신의 생각을 담은 글을 자신이 직접 손으로 쓰는 것을 말합니다.

인간은 글자를 발명한 뒤부터 땅, 벽, 나무, 종이 등에 자신의 생각이나 소망을 담은 글씨를 썼습니다. 그리고 글씨의 모양에는 각 사람만이 지닌 독특한 성격이나 기질이 담겨 있는데, 이를 필체라고 합니다. 그 필체의 특징을 살려 멋진 문장이나 낱말을 예술적 경지로 끌어올린 것이 바로 '서예書藝'입니다. 서예하면 빼놓을 수 없는 것이 한석봉 선생의 천자문입니다.

저는 얼마 전에 지인들과 천자문을 처음부터 끝까지 한 번 써보기로 했습니다. 천자문의 첫 글자인 하늘 천天부터 마지막 글자인 어조사 야也까지 한 글자 한 글자를 쓸 때마다 옛 우리 조상들이 서당에서 한자를 익힐 때 모습이 그려지기도 했습니다. 먹을 갈고 붓을 들어 하얀 종이 위에 손을 놀려 엄지와 검지 중지 손가락에 힘을 주고 열심히 글씨 쓰기 연습을 했을 이름 모를 아이의 모습도 그려졌습니다. 그리고 한 자 한 자 쓸 때마다 그 글자에 해당하는 대상이나 장면이 떠올라 어느새 저는 상상의 나래를 펴고 어딘가를 여행하고 있는 것 같았습니다.

여러분도 옛 우리 조상들이 서당이나 집에서 글자

를 배울 때 쓰던 교재를 선택하여 필사해 보기 바랍니다. 어떤 책을 필사하다 보면 책을 쓴 사람과 대화를 나누는 듯한 느낌이 듭니다. 책에 담긴 소중한 삶의 지혜도 얻을 수 있고 무엇보다 교재 한 권을 다 직접 손글씨로 쓰고 나면 왠지 모를 성취감도 맛볼 수 있을 겁니다.

신앙생활을 돈독히 하고 싶어 하는 분들이 가장 많이 도전하는 것이 바로 성경이나 불경을 처음부터 끝까지 필사하는 것이지요. 시와 소설을 쓰는 문학가 지망생들 중에는 자신이 좋아하는 작가의 작품을 필사하는 분도 많이 있습니다. 그렇게 지루하기도 하고 힘들 것 같은 필사에 도전하는 것은 그만큼 도전해볼 만한 가치와 보람이 있기 때문이겠지요.

요즘에는 개인 컴퓨터나 휴대용 노트북으로 붓 대신 자판 위에 손가락만 놀려 자기 마음에 드는 글씨체로 작품이나 글을 옮겨 쓸 수도 있지만, 직접 자신의 손으로 글씨를 써서 아름다운 글과 멋드러진 필체가 담긴 작품을 창조하는 이들이 많이 생겨나고 있습니다. 이런 활동 영역을 일컬어 '캘리그라피calligraphy'라고 하고

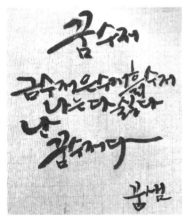 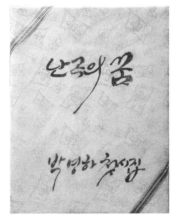 

이를 직업으로 하는 이들이나 전문가들을 '캘리그라퍼calligrapher'라고 합니다. 우리말로 하면 '손글씨 전문가'지요. 손글씨 쓰기를 직업적으로 하는 분들이 바로 켈리그라퍼입니다.

저에겐 손글씨와 관련해서 세 가지 소중한 추억이 있습니다. 제겐 더없이 소중한 경험이기도 했습니다. 모두 제 꿈과 관련된 예쁜 손글씨 작품을 선물로 받은 것입니다. P 80 사진에 보이는 세 가지 작품을 감상해 보실까요?

맨 왼쪽 사진은 제게 손글씨를 가르쳐주신 선생님이 저의 자작시인 '꿈수저'를 직접 써주신 것이고, 가운데 사진은 필자의 첫 시집을 출판한 것을 축하해 주신 지인의 손글씨 작품입니다. 맨 오른쪽은 박방영 화백님이 제 꿈을 응원하며 써주신 손글씨 작품입니다. 느낌이 어떠신가요? 한글로 쓴 것도, 한자로 쓴 것도 모두 아름답고 멋지지 않나요? 어쩌면 이렇게 문장이나 단어 하나에 사람의 마음을 압축해서 표현할 수 있는지 놀랍고 신기할 따름입니다.

여러분도 자신만의 멋진 손글씨로 마음속에 있는 꿈과 소망을 표현해 보기 바랍니다. 손글씨를 연습하려면 시중에서 판매되는 손글씨 교본을 구입해서 쓰는 것이 제일 편한 방법이고 독자적으로 손글씨 연습을 하려면 아래와 같이 하면 될 것입니다.

1. 필사할 노트와 펜을 마련한다.
2. 자신이 표현하고 싶은 멋진 문장이나 단어를 준비한다.
3. 마음에 들 때까지 손글씨로 문장이나 단어를 옮겨본다.
4. 마음에 드는 필체가 나올 때까지 멋지게 글씨를 쓴다.
5. 마음에 드는 작품을 액자나 상자 등에 잘 포장한다.
6. 작품을 원하는 공간에 걸어두거나 놓아둔다.

여러분의 마음과 혼이 담긴 멋진 손글씨 작품이 집이나 사무실 혹은 어딘가에서 여러분의 꿈을 키우는 상징물로 자리잡기를 소망합니다.

첫번째 질문
드림|Dream

여러분이 좋아하는 글귀나 단어를 손글씨로 예쁘게 적어 보세요.

청소년을 위한 꿈꾸는 다락방 꿈노트

꿈을 노래하다

꿈 노래

우리는 매일 노래를 듣고 살아갑니다. 집에서, 거리에서, 차 안에서, 어디에서든 노래를 듣습니다.

노래 중에 꿈(조용필), 꿈꾸지 않으면(간디학교 교가), 거위의 꿈(인순이), 문어의 꿈(안예은), 하늘색 꿈(박지윤), 해에게서 소년에게(신해철), Love myself(BTS), 네모의 꿈(화이트), 어떤이의 꿈(봄여름가을겨울) 등 '꿈'에 대한 노래가 많습니다.

그 중에서도 가장 많이 불리는 노래는 '거위의 꿈'과 '꿈꾸지 않으면'이라고 생각합니다. 먼저 '거위의 꿈' 가사를 음미하며 노래를 불러볼까요?

여러분은 가사 중 어떤 부분이 제일 공감이 되시나요? 저는 "난 난 꿈이 있었죠. 버려지고 찢겨 남루하여도 내 가슴 깊숙이 보물과 같이 간직했던 꿈, 혹 때론 누군가가 뜻 모를 비웃음 내 등 뒤에 난 참아야 했죠. 참을 수 있었죠. 그 날을 위해"라는 부분이 제일 좋습니다.

꿈은 남에게 보이기 위한 것이 아닙니다. 내가 간절히 원하는 것이어야 합니다. 남들의 눈에 초라해 보여도 또는 헛된 꿈처럼 보여도 내가 원하는 것이라면 그것을 꿈꾸어야 합니다. 그리고 최선을 다해 노력하면 그 꿈을 이루고 하늘을 높이 날 수 있게 될 것입니다.

꿈을 노래하면서 꿈으로 한 발자국 다가서는 여러분이 되시기 바랍니다.

인순이의 '거위의 꿈'을 불러본 후의 느낌을 써봅시다.

I ♥ to sing

두번째 질문
드림Dream

누군가 부르는 노래는 그 사람의 과거, 현재, 미래를 느끼게 하는 특별한 힘이 있습니다. 여러분이 자주 듣거나 부르는 '꿈 노래'가 있다면 소개해 주세요.

노래 제목 :

특별히
자주 듣거나
부르는 이유 :

가사 :

이 노래를
들려주고 싶은
사람은?

꿈 연주

꿈을 담은 노래를 목소리나 악기로 연주하는 것이 꿈 연주입니다.

부끄러운 사실이지만 불편한 진실이기도 한 사실이 하나 있습니다. 그것은 바로 프랑스, 영국, 미국, 한국인들의 중산층 인식에 대한 차이점입니다. 아래 표를 보면 잘 나타나 있습니다.

수년 전부터 이 자료가 인터넷에 떠돌고 있는데, 이 자료를 본 한국인 대부분은 아마도 부끄러움에 얼굴이 화끈거렸을 겁니다. 프랑스, 영국, 미국의 자료는 모두

프랑스의 중산층 기준 (퐁피두 정부)	영국의 중산층 기준 (옥스퍼드)
1. 외국어를 하나 정도는 할 수 있을 것 2. 직접 즐기는 스포츠가 있을 것 3. 다룰 줄 아는 악기가 있을 것 4. 공분에 의연히 참가할 것 5. 근사하게 대접할 수 있는 요리 실력을 갖출 것 6. 약자를 도우며 꾸준히 봉사활동을 할 것	1. 페어플레이를 할 것 2. 독선적으로 행동하지 말 것 3. 약자를 두둔하고 강자에 대응할 것 4. 불의, 불평, 불법에 의연히 대처할 것 5. 자신의 주장과 신념을 가질 것
미국의 중산층 기준 (오바마 행정부)	**한국의 중산층 기준 (출처 불명)**
1. 자신의 주장에 떳떳할 것 2. 사회적 약자를 도울 것 3. 부정과 불법에 저항할 것 4. 정기적으로 보는 비평지가 있을 것	1. 부채없는 30평 이상의 아파트를 소유할 것 2. 월 소득 500만 원 이상일 것 3. 2000CC 이상의 승용차를 소유할 것 4. 통장 예금 잔고가 1억 원 이상일 것 5. 연 1회 이상 해외여행을 다닐 것

출처가 분명한데 비해, 한국 자료는 출처가 불분명한데도 우리나라 사람들이 생각하는 바를 정확하게 말하고 있습니다.

제가 왜 이 자료를 소개했는지 눈치 빠른 여러분은 금방 알아채셨을 것입니다. 이 자료가 전하고 싶은 이야기는 우리가 흔히 문화선진국이라고 일컫는 프랑스, 영국, 미국의 중산층에 대한 인식과 우리나라 사람들의 중산층에 대한 인식이 크게 차이가 있다는 것입니다. 프랑스, 영국, 미국의 중산층은 인권, 정의, 문화생활을 삶의 중요한 가치로 여기는 데 비해 우리나라는 물질적 가치를 중요시한다는 것이 바로 큰 차이점입니다.

저는 특별히 프랑스 중산층 기준에서 소개된 '다룰 줄 아는 악기가 있을 것'에 주목하고 싶습니다. 너무 멋지지 않습니까? 저는 이 부분과 관련하여 교사나 학부모, 시니어들 대상으로 강의를 할 때마다 수강하는 분들께 꼭 질문해 봅니다.

"혹시 여러분께서 다룰 줄 아는 악기가 있습니까?"라고요. 대답 대신 잠시 고요한 침묵이 흐르는 경우가 많고, 간혹 '기타', '피아노', '오카리나', '하모니카', '피리' 등 조그만 소리로 자신이 다룰 줄 아는 악기를 말하는 분들이 있습니다. 저는 대답을 하는 분들께 큰소리로 칭찬하며 정말 훌륭하고 대단하다고 말하고 제가 준비한 악기를 꺼내서 소개합니다. 그 악기는 바로 하모니카입니다.

1. 하모니카는 지구상에서 유일하게 숨을 내쉴 뿐만 아니라, 숨을 들이마시는 악기입니다. 들숨과 날숨으로 폐를 활발히 사용하므로 폐 건강에 아주 좋습니다.
2. 하모니카는 가격이 정말 착합니다. 누구나 마음만 먹으면 쉽게 구입할 수 있습니다.
3. 하모니카는 배우기 정말 쉽습니다. '도레미파솔라시도'만 입에 익히면 자신이 아는 멜로디를 모두 연주할 수 있습니다. 신기할 정도로 자신이 아는 노래가 쉽게 연주됩니다.

코로나19 퇴치 위한 숲속 솔로 공연
'아름다운 것들' 연주

소년희망공장 위문 공연

간디학교 아이들과 "꿈꾸지 않으면" 함께 부르기

4. 하모니카는 부피가 작아서 갖고 다니기 아주 편리합니다.
5. 여행을 가서 광장이나 거리에서 그 나라 노래를 하모니카로 공연하면 많은 친구를 사귈 수 있습니다.

위 사진에 보는 것처럼 하모니카를 배우면 여러 곳에서 자신의 꿈과 소망을 담은 노래를 연주함으로써 이웃과 더불어 기쁨과 보람을 나눌 수도 있고 건강에도 좋아 여러분께 권합니다. 이제 여러분도 꿈을 연주하는 악기를 배우고 자신이 부르고 싶거나 연주하고 싶은 노래를 마음껏 연주해 보기 바랍니다. 프랑스 중산층 국민들의 '다룰 줄 아는 악기가 있을 것'을 늘 마음에 새기고 자신에게 맞는 악기 하나를 골라 꾸준히 연습하고 함께 악기를 연주하는 동료들과 동아리를 만들거나 아니면 혼자서라도 연주하면서 남은 인생을 건강하고 여유롭게 펼쳐가기 바랍니다.

첫번째 질문
드림Dream

여러분이 연주할 수 있는 악기가 있나요? 있다면 어떤 악기인지, 가장 잘 연주하는 곡은 어떤 곡인지 적어 보세요.

두번째 질문
드림Dream

배우고 싶은 악기가 있나요? 어떤 악기를 배우고 싶은지, 어떤 곡을 연주하고 싶은지 적어 보세요.

배우고 싶은 악기	
악기 배우기 시작 목표일	
악기 배우기 종료 목표일	
연주하고 싶은 노래	1. 2. 3.
공연하고 싶은 장소	

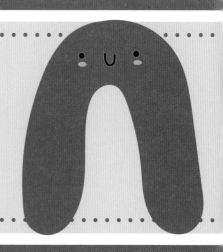

꿈 명함

제1회 꿈명함 전시회 입상작

명함은 개인이나 회사에 관한 정보를 다루고 있는 카드입니다. 이름, 주소, 전화번호, 회사명, 직책 등을 기입하여 자신을 설명할 수 있는 것이지요. 일반적으로는 이름만 적는데 대한민국의 경우에는 본인이 어떤 일을 하고 있는지 또는 자격증, 학위 등도 표현하는 경우가 많습니다(다음 사진).

이 사진은 제가 가르친 학교 학생들을 대상으로 열린 꿈 명함 전시회의 입상작을 찍은 사진입니다. 지금까지 본 명함 중에서 멋지거나 디자인이 독특한 명함이 있었나요?

내가 아는 멋진 명함

첫번째 질문
드림Dream

나는 _____ 가
될 거야!
○○○

나는 _____ 가
될 거야!
○○○

여러분은 어떤 명함을 갖고 싶으신가요? 언젠가 이루고 싶은 자신의 꿈을 담은 명함을 디자인해 보세요.

꿈 그림

우리가 무언가를 생각하거나 마음먹은 것을 행동으로 옮기려면 종이 위에 써 보거나, 쓴 것을 눈에 잘 띄는 곳에 붙여놓거나, 남들 앞에서 선언하는 것이 좋습니다. 이보다 더 효과적인 방법이 있는데 그것은 바로 자신이 이루고 싶은 것을 그림으로 그려 보는 것입니다. 이것을 꿈의 시각화라고 합니다.

만약 뮤지컬 배우로 성공하고 싶다면 자신이 뮤지컬 배우가 되어 무대에서 공연하는 장면을 상상하며 그것을 그림으로 그려 보는 것입니다. 아래 그림처럼 말입니다.

이 그림의 주인공은 멋진 복장을 하고 화려한 조명을 받으며 무대에서 공연하고 있습니다. 관객에게 감동을 드리는 뮤지컬 배우가 되겠다는 각오도 말풍선으로 작성해 두었습니다. 이렇게 자신의 꿈을 구체적으로 시각화하는 작업은 꿈을 더욱 간절하게 여기고 실천지향적인 사람으로 만드는 심리적 효과가 있습니다.

아래 그림은 어떤 그림일까요? 네 그렇습니다. 장차 훌륭한 교사가 되고 싶은 학생이 선생님이 되어 수업하는 장면을 상상하며 그린 것입니다. 이런 그림을 그려놓고 사범대에 진학하기 위한 공부를 하면 공부하는 목적의식과 미래의 자신에 대한 책임감도 생기고 좋을 것 같습니다.

자, 이제 여러분의 꿈을 그림으로 그려 볼 차례입니다. 집을 지을 때도 설계도면을 미리 그리는 것처럼 여러분의 꿈도 미리 그림으로 그려 보면 훨씬 더 구체적으로 꿈을 이루어나갈 수 있을 것입니다.

첫번째 질문
드림Dream

여러분의 꿈이 무엇인지 잘 드러나도록 그림을 그려 보세요.

꿈을 연기하다

꿈 연기

꿈 연기란 자신의 꿈이 이루어진 상황을 짧게 동작으로 표현해 보는 것입니다.

사람은 누구나 자신이 바라는 직업이나 일, 활동을 하고 싶어합니다. 그런데 그런 소망이나 바람은 어떻게 하면 더 잘 이루어질까요? 이 질문에 알맞는 몇 가지 좋은 힌트가 있습니다.

바로 자신이 바라는 직업을 갖게 된 후 그 일을 하는 상황을 연기해 보는 것입니다. 마치 자신이 ○○인 것처럼 행동을 하는 것이지요.

예를 들어 가수가 되고 싶은 사람은 남들 앞에서 자주 노래를 부르고, 연기자가 되고 싶은 사람은 거울 앞에서 어떤 배역을 연기해 보고, 작가가 꿈인 사람은 출판기념회에서 독자들에게 싸인하는 모습을 상상하며 싸인해 보고, 의사가 꿈인 사람은 의사 가운을 입고 '히포크라테스 선서'를 해 보거나 환자를 진찰하는 모습을 표현해 보는 것입니다. 과학자가 되고 싶은 사람은 자신이 노벨상을 타는 모습을 상상하며 수상소감을 말해 보는 것입니다. 악기 연주자가 되고 싶으면 사람들이 모인 곳에서 버스킹을 하면 좋지요.

　우리는 태어나서 죽을 때까지 무언가를 배우며 삽니다. 배움은 귀로 듣고, 눈으로 보고, 입으로 말하고, 손으로 쓰고, 몸으로 익히는 순서로 진행되어 갑니다.
　그런데 어떤 배움이 가장 오래 남을까요? 그렇습니다. 몸으로 익히는 게 가장 오래 남습니다. 자, 그러면 이제 몸으로 익히는 연습을 해 볼까요?
　아래 그림은 요리사가 되고 싶어 하는 주인공이 손님과 자신의 요리에 대해서 대화를 하는 장면입니다.

요리사와 손님 사이에 어떤 대화가 오가고 있을까요?

요리사 :

손님 :

이번에는 여러분이 연기하고 싶은 상황을 스스로 정하고 연기해 보도록 해요. 여러분의 꿈, 미래, 직업, 소망과 관련하여 어떤 상황을 연기하고 싶은가요?

연기하고 싶은 상황과 어떻게 연기할 것인지 적어 보세요.

연기하고 싶은 상황을 그림으로 그려 보세요.

세번째 질문
드림Dream

꿈 연극을 해보니 실제 주인공이 된 것 같지요?
꿈 연극을 한 소감을 적어 보세요.

꿈을 인터뷰하다

꿈 멘토

하나님과의 인터뷰

언젠가 인터넷 서핑을 하다가 큰 감동을 느낀 글입니다. 아래 영상을 재생하여 듣고, 눈으로 함께 읽어가며 뜻을 음미해 볼까요?

하나님과의 인터뷰

하나님과 인터뷰하는 꿈을 꾸었다.

하나님께서 물으셨다.
"그래, 나를 인터뷰하고 싶다고?"
"예, 시간이 허락하신다면요."

하나님은 미소 지으셨다.

"내 시간은 영원이니라… 뭘 묻고 싶으냐?"

"인간에게서 가장 놀랍게 여기시는 점은 어떤 것들이세요?"

하나님께서 대답하셨다.

"어린 시절이 지루하다고 안달하며 서둘러 어른이 되려는 것, 그리고 어른이 되면 다시 어린애로 돌아가고 싶어 하는 것이란다.

돈을 벌기 위해 건강을 해치고 나서는, 잃어버린 건강을 되찾기 위해 번 돈을 다 써 버리는 것.

미래에만 집착하느라 현재를 잊어 버리고 결국 현재에도 미래에도 살지 못하는 것.

결코 영원토록 죽지 않을 것처럼 살다가는, 마침내는 하루도 못 살아 본 존재처럼 무의미하게 죽어가는 것들이란다."

하나님은 내 손을 잡으셨다. 그렇게 한동안 말이 없었다. 내가 다시 여쭈었다.

"저희들의 어버이로서 당신의 자녀들에게 줄 교훈은 어떤 것들이 있나요?"

"누군가 억지로 너희를 사랑하게 할 수는 없으니 오직 스스로 사랑받는 존재가 되는 수밖엔 없다는 사실을 배워야 하느니라.

남과 자신을 비교하는 일은 좋지 못하며, 용서를 실천함으로써 용서하는 법을 배우기를.

사랑하는 사람에게 상처를 주는 데는 단 몇 초밖에 걸리지 않지만, 그 상처를 치유하는 데는 여러 해가 걸릴 수도 있다는 사실을.

가장 많이 가진 자가 부자가 아니라, 더 이상 필요한 것이 없는 사람이 진정한 부자라는 것을.

사람들은 서로를 극진히 사랑하면서도 단지, 아직도 그 사랑을 표현하는 방법을 모르고 있을 뿐이라는 사실을…

두 사람이 똑같은 것을 바라보면서도 그것을 서로 다르게 볼 수도 있다는 사실을.

그리고 서로 용서하는 것만으로는 부족하니, 너희 스스로를 용서해야 한다는 사실을 알아야 하느니라."

"시간을 내 주셔서 감사합니다. 그 밖에 또 들려주실 말씀은요?"

내가 겸손하게 여쭙자 하나님은 미소 지으셨다. 그리고 말씀하셨다.

"늘 명심하여라. 내가 여기 있다는 사실을…"

"언제나!"

첫번째 질문
드림Dream

위 인터뷰 글을 보고 무엇을 느꼈는지 적어 보세요.

두번째 질문
드림Dream

인터뷰 내용 중에서 특히 마음이 가는 부분이 어디인가요?

세번째 질문
드림Dream

인터뷰하고 싶은 당신의 꿈 멘토는 누구인가요?

꿈의 직장 탐방

꿈의 직장 탐방하기는 자신이 일하고 싶은 직장에 대해 알아보고 직접 가보는 것입니다.

사람은 누구나 성인이 되면 생계를 유지하기 위해 직업을 갖고 일해야 합니다. 자신이 좋아하는 일을 즐겁게 하면서 생활에 부족을 느끼지 않을 만큼 수입이 보장된다면, 이보다 더 행복한 일도 없을 것입니다. 그래서 우스갯소리로 '가장 행복한 사람은 자기가 좋아하는 일을 하는데, 꼬박꼬박 통장에 돈이 쌓이는 사람'이라는 말이 있습니다. 그런데 주위를 살펴보면 직업을 가진 사람들 대부분이 자신이 원하는 일을 하며 행복하게 살아가는 것 같지 않습니다.

더구나 우리나라에서 대학을 졸업한 사람들 다수가 자신이 대학에서 전공한 것을 직업에 활용하는 비율이 OECD 국가들 중에서 최하위권이라고 합니다. 매우 불행하고 안타까운 일입니다. 아까운 시간과 엄청난 돈, 피끓는 젊음을 바쳐서 힘들게 배운 뒤에 적성에 맞지도 않고 좋아하지도 않는 일을 억지로 하면서 직장생활이나 사회생활을 한다면 회사나 공동체로서도 손해가 이만저만 큰 게 아닐 것입니다.

우리나라 기업들이 신입사원을 교육시키는 데 드는 비용은 OECD 국가들 중에서도 매우 높기로 유명하답니다. 그런데 기껏 신입사원 교육을 시키고 나면 얼마 안 있어 사표를 쓰고 나가는 경우가 많다고 합니다. 회사로서는 참으로 황당하고 어이없는 일이 아닐 수 없습니다. 그렇다고 나가겠다는 사람을 억지로 붙잡을 수도 없으니 참 난감할 것입니다. 이러한 문제를 어떻게 해결하면 좋을까요?

이러한 경우에는 문제의 원인을 찾아서 해결책을 제시하는 것이 좋습니다. 어릴 때부터 청소년들에게 자신이 장차 다니고 싶은 직장이나 기업을 자주 방문하고 직접 일도 해보는 기회를 주면 되지 않을까요? 그래서 저는 자신이 다니고 싶은 회사나 직장을 탐방하는 것을 중요하게 생각합니다.

사실 아이들이 가고 싶은 회사나 기업은 동네 가게부터 대도시 고층 건물에 이르기까지 다양합니다. 4차 산업과 메타버스가 급성장하는 미래 사회에는 어떤 건물이나 물리적 공간이 아닌 사이버 세계로 출퇴근하는 직장인도 엄청나게 많을 것입니다. 요즘엔 재택근무가 다반사인 기업도 꽤 많습니다.

여러분은 어떤 회사가 좋은 회사라고 생각하나요? 좋은 회사의 조건 세 가지만 써 보세요.

1.

2.

3.

여러분이 원하는 일은 무엇인가요? 여러분이 하고 싶은 일, 꿈을 이룰 수 있는 곳은 어디인지 찾아 보세요.

내가 하고 싶은 일	
내가 하고 싶은 일을 할 수 있는 직장, 기업	
원하는 일을 통해 궁극적으로 얻고자 하는 것	
원하는 일을 위해 준비할 것 (자격증 및 조건)	
내가 꿈꾸는 직장인상	

꿈의 직장을 찾았다면 그곳에 입사하는 꿈을 이루기 위해 어떤 곳을 탐방하는 것이 도움이 될지 찾고 그곳을 직접 방문해 보세요.

꿈의 회사 방문할 일정 잡기	
직장 탐방 코스	
직장 탐방 시 꼭 만나고 싶은 사람	
직장 탐방 중 꼭 알고 싶은 것	
직장 탐방 소감	

어차피 한 번 사는 인생인데 남이 만든 회사에만 다니는 것보다는 자신이 CEO인 회사를 세우고 운영해 보면 재미있고 신나지 않을까요? 자신이 세운 꿈의 기업으로 많은 사람이 새로운 꿈을 꿀 수 있기를 바라며 자신의 회사를 기획해 보세요.

회사명	
업종	
기업 이념	
사명	
사훈	
인재상	
장점	
사회공헌	
롤모델	
최종 목표	

꿈의 학교 탐방

꿈의 학교란 내가 배우고 싶은 것을 마음껏 배울 수 있는 학교입니다.

학교는 말 그대로 무언가를 배우는 곳입니다. 다시 말해 가르치는 것이 아니라 배우는 것이 목적인 곳이 바로 학교입니다. 그런데 일반적으로 사람들은 학교를 무언가를 가르쳐주는 곳으로만 생각하는 경향이 있습니다. 그처럼 학교를 가르치려고 하는 데 비중을 두고 바라보면 사람들에게 학교란 이른바 '꼰대' 선생님들이 과거 지식과 고집으로 학생들에게 일방적으로 훈육하고 주입하는 시대착오적 장소가 될 가능성이 높습니다. 널리 알려진 '19세기 건물에서, 20세기 교사가, 21세기를 살아갈 학생들을 가르치는 곳'이지요. 학생들의 배움의 욕구보다는 교사의 가르치려는 의욕이 앞선 학교에서는 자연히 억지 배움과 강제적 가르침이 충돌하게 되는 겁니다. 그것이 과거 우리나라 교실 풍경이었고 일상적인 학교의 모습이었던 것입니다.

그런데 생각을 바꾸어서 학교가 가르치는 것보다 배우는 데 비중을 둔다면, 학교의 중심 주체는 자연히 학생이 됩니다. 교사는 학생이 배우고자 하는 것을 도와주는 친절한 조력자인 셈이지요. 그동안 학교가 교사 중심, 가르침 중심으로 운영되다 보니 수많은 학생이 교육이라는 미명 아래 시대에 뒤처진 지식과 정보

들을 주입받고 강요받아 온 게 사실입니다. 이제 더 이상 그런 학교는 필요가 없어지고 학생들로부터 외면받게 될 것입니다. 교사의 생계를 위해 학생이 수동적으로 자리를 채우는 학교가 아니라, 학생들의 자발적인 배움의 욕구를 충족시키기 위해 교사가 먼저 배운 것을 아낌없이 나누는 곳으로 탈바꿈해야 할 것입니다. 그리하여 먼저 배운 교사가 후에 배우는 학생을 위해 끊임없이 공부하는 곳으로 학교의 본 모습을 찾아야 할 것입니다.

아니 지금 무슨 얘기를 하느냐고요? 네 맞습니다. 진짜 학교, 꿈의 학교의 모습을 찾기 위해 과거의 학교 모습을 비판하는 글을 쓴 것입니다. 그런데 다행히도 교사와 가르침이 중심이 아닌 학생이 중심이 되고 배움이 중심이 되는 학교가 아주 드물긴 하지만 세상에 있습니다. 학생이 배우고 싶은 것을 배울 수 있게 해주는 진짜 학교지요. 이제부터 그런 학교로 함께 꿈같은 여행을 해 볼까요?

먼저 여러분이 지금 손에 들고 있는《청소년을 위한 꿈꾸는 다락방 꿈노트》를 통해 가고 싶은 학교를 솔직하게 성찰해 보고 이어서 진정한 의미의 꿈의 학교로 가봅시다.

저는 우리나라 교육에 많은 문제가 있다고 느끼고 대안 교육에 관심을 많이 가져왔습니다. 그러다가 우연히 접하게 된 학교가 바로 이우학교와 간디학교였습니다. 두 학교 모두 완벽하지는 않지만 입시와 경쟁교육에 매몰된 우리나라 제도교육에 깊은 성찰과 전환을 유도한 대표적인 대안학교라고 생각합니다. 특히 간디학교의 교가를 보면 학교와 교사와 학생의 존재 이유를 저절로 깨우치게 됩니다. "배운다는 건 꿈을 꾸는 것, 가르친다는 건 희망을 노래하는 것"이란 대목이 압권입니다.

학교 이름	
교훈	
가고 싶은 이유	
그 학교의 장점	
교육과정의 편성	
학생들의 만족도	
교사들의 교육방식	
학교장의 철학	
졸업생 진로	

또한 대안학교 하면 빼놓을 수 없는 이름이 있으니 바로 이름처럼 모든 학생을 스타, 즉 별로 키우겠다는 남다른 열정과 노력으로 교육의 패러다임을 바꾸는 데 힘써 온 '성장학교 별'입니다. 이 학교는 프랑스 '프레네 학교'의 설립자인 프레네 선생의 교육철학을 기초로 '치료-교육-돌봄'의 선순환을 통해 참사람을 길러온 학교로 높이 평가받고 있습니다. 특히 '수업의 형식은 교사가 정하고, 수업의 내용은 학생들이 채워가는' 독특한 형식의 수업에 깊은 자극과 영감을 얻었습니다. 그리고 저도 교사로서 비슷한 유형의 수업을 실천한 결과 학생들과 교사 자신 모두 만족할 만한 수업성과를 거두었다고 자부합니다.

그런데 우리나라 대학 중에는 '꿈의 학교'의 이미지에 어울리는 대학을 찾기가 어렵습니다. 학벌과 출세를 지향하는 대학 진학 풍토가 여전하기 때문일 겁니다. 저는 이런 병폐를 없애려면 우리나라 대학 이름이 '○○대학교'가 아니라 한글대학, 요리대학, 춤대학, 소설대학, 축구대학, 노래대학, 인공지능대학 이런 식으로 특정 주제나 소재를 전공과목으로 하고 인문적 상상력을 기르는 대학으로 거듭나야 한다고 생각합니다.

그리고 모든 학비가 무료인 꿈의 대학을 소망해 봅니다.

 첫번째 질문 드림Dream

여러분이 세우고 싶은 학교가 있다면 어떤 학교인가요?

학교 이름	
교훈	
설립 목적	
학과	
학생 선발	
교직원 선발	
졸업 자격	
재학생 의무	
졸업 후 진로	

꿈의 여행을 하다

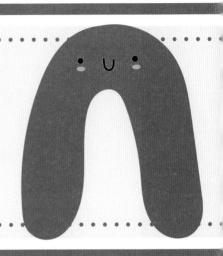

꿈 여행

인생은 여행입니다. 한 곳에서 나고 자라고 그곳에서만 살다가 죽는다면 참 우물 안의 개구리 같을 것입니다. 많은 곳을 여행하며 보고 듣고 배우면서 사는 것이 인생이 아닐까요? 여행은 우리의 생각과 시야를 넓게 해 줍니다. 새로운 삶을 살도록 도와줍니다.

죽음을 앞둔 사람들이 가장 많이 후회하는 것은 더 공부하지 않은 것, 더 많이 여행하지 않은 것, 자녀들에게 사랑한다고 말하지 못한 것 등이라고 합니다. 여러분도 후회하기 전에 많은 곳을 여행하기 바랍니다.

여행에 관한 명언이 참 많습니다.

세상은 한 권의 책이다. 그리고 여행을 하지 않는
사람들은 책의 한 장만 읽는 것일 뿐이다.

- 성 아우구스티누스

여행은 인간을 겸손하게 만든다.
세상에서 인간이 차지하는 영역이
얼마나 작은 것인가를 깨닫게 해준다.

- 프뢰벨

여행과 장소의 변화는 우리 마음에 활력을 선사한다.

- 세네카

여행은 다른 문화, 다른 사람을 만나고
결국에는 자기 자신을 만나는 것이다.

- 한비야

여행이란 우리가 사는 장소를 바꿔주는 것이 아니라
우리의 생각과 편견을 바꿔주는 것이다.

- 아나톨

여행은 경치를 보는 것 이상이다. 여행은 깊고
변함없이 흘러가는 생활에 대한 생각의 변화이다.

- 미리엄 브래드

여행과 병에는 자기 자신을 반성한다는
공통점이 있다.

- 다케우치 히토시

여행을 떠날 각오가 되어 있는 사람만이
자기를 묶고 있는 속박에서 벗어날 수 있다.

- 헤르만 헤세

청춘은 여행이다. 찢어진 주머니에 두 손을 내리꽂은 채
그저 길을 떠나도 좋은 것이다.

- 체 게바라

약상자에는 없는 치료제가 여행이다.
여행은 모든 세대를 통틀어 가장 잘 알려진 예방약이자
치료제이며 동시에 회복이다.

- 대니얼 트레이크

여행은 정신을 다시 젊어지게 하는 샘이다.

- 안데르센

여행은 목적지로 향하는 과정이지만,
그 자체로 보상이다.

- 스티브 잡스

소중한 것을 깨닫는 장소는 컴퓨터 앞이 아니라
파란 하늘 아래였다.

- 다카하시 아유무

여행은 낯선 사람이 되었다가 다시 나로 돌아오는
탄력의 게임이다.

- 은희경

진정한 여행이란 새로운 풍경을 보는 것이 아니라
새로운 눈을 가지는 데 있다.

- 마르셀 푸르스트

인생은 짧고, 세상은 넓다.
그러므로 세상 탐험은 빨리 시작하는 것이 좋다.

- 사이먼 레이븐

여행을 주재로 한 재미있는 영화도 많습니다. '꾸뻬 씨의 행복한 여행', '80 DAYS'를 한번 보시고 멋진 여행을 꿈꾸어 보세요.

첫번째 질문
드림Dream

여러분이 알고 있는 여행에 관한 멋진 명언이 있나요?

두번째 질문
드림Dream

지금까지 한 여행 중에 어떤 것이 가장 기억에 남나요?

세번째 질문
드림Dream

앞으로 꼭 해보고 싶은 여행이 있나요?

누구와 :

어디를 :

어떻게 :

그 여행을 통해 기대하는 것은?

꿈을 나누다

Chapter 3

어떻게 내 꿈을
나눌 수 있을까?

이 책과 함께 꿈을 찾아보고자 시작한 꿈 여정이 벌써 세 번째 단계에 이르렀습니다. 그동안 많은 활동을 하면서 여러분의 꿈에 대한 생각이 어느 정도 정리가 되었나요?

꿈이라는 것은 그저 여러분이 나중에 학교를 졸업하고 성인이 되어 어떤 직업을 갖게 되는 것 이상의 훨씬 더 큰 개인의 행복에 관련된. 너무나도 중요한 개념입니다. 한 번 뿐인 인생을 어떻게 살아가는지는 여러분이 어떤 마음가짐으로. 어떤 방향으로 삶을 살아가는지에 달려있다고 해도 과언이 아닐 것입니다.

여러분은 자신의 미래를 어떻게 그리고 계신가요? 과연 우리는 어떤 모습으로 남은 삶의 여행길을 잘 걸어갈 수 있을지 Chapter 3에서 조금 더 넓은 숲을 보는 마음으로 함께 생각해 보도록 합시다.

백만장자가 되기를 꿈꾸는 사람이라면
백만장자가 된 다음에 무엇을 하겠다는.
바로 그 '무엇'이 있어야 한다.
그것이 "꿈 너머 꿈"이다.

꿈이 있으면 행복해지고.
꿈 너머 꿈이 있으면 위대해진다.

- 고도원의 《꿈 너머 꿈》 중에서 -

끊임없이 성장하는 무한한 가능성을 가진 여러분! 이제는 지금 바라보고 있는 꿈을 넘어선. 더 큰 의미의 '꿈 너머 꿈'을 함께 꾸어볼까요? '나'라는 한 사람. 바로 여러분의 인생을 통해 언젠가는 누군가도 여러분을 꿈의 멘토로 삼고 또 다른 꿈을 꾸게 될지도 모르는 일이니까요.

꿈을 전하다

수상소감

영화나 드라마에는 수많은 등장인물이 나옵니다. 어떤 어려움이 와도 끝내 모든 것을 이겨내는 주연부터, 이야기를 이끌어가는 데에 크고 작은 다양한 역할을 하는 조연들, 그리고 대사 한마디도 없이 묵묵히 자신의 자리를 지켜 조용히 작품을 빛내는 단역 배우들이나 엑스트라까지. 그 모든 사람이 한 마음으로 한 작품을 위해 최선을 다할 때 최고의 작품이 탄생하게 되는 거겠죠?

여러분은 마음 속에 깊은 울림을 준 드라마, 즉 인생 드라마가 있으신가요?

2019년 TV에서 방영했던 드라마 중에서 많은 사람의 마음을 울렸던 '동백꽃 필 무렵'이 저에게는 인생

동백이에게 전하는
용식이의 예쁜 말 모음

드라마입니다. 이 드라마의 주인공인 동백이는 어릴 때 엄마에게 버림받아 스스로 억세게 운이 나쁜 불쌍한 인생을 산다고 생각하지만 하나뿐인 아들을 위해서 열심히 하루 하루를 개척하면서 살고자 하는 여주인공이에요. 그런 그녀에게 첫눈에 반해 그녀 곁에서 따뜻한 말들로 자존감을 높여주고 진심으로 그녀를 사랑하고 지켜주는 용식이가 또다른 주인공이랍니다. 보는 이들의 마음까지도 따뜻해지고 힐링이 되는, 동백이를 향한 용식이의 대담하고도 스윗한 위로의 말들을 잠시 함께 들어 보실까요?

진심 어린 위로와 격려의 말은 한 사람의 삶을 송두리째 바꿀 수 있는 강력한 힘이 있는 것 같습니다. 진심을 담아 힘과 용기를 주는 용식이의 따스한 말들 중 몇 마디를 아래 적어 보았어요. 빈칸에 자신의 이름을 넣어서 함께 따라 써 볼까요? 쓰면서 여러분의 마음에도 여러분을 응원하는 저의 진심어린 따스함이 전달되기를 바랍니다.

_____ 씨, 이 동네에서 젤로 세고요, 제일로 강하고,
제일로 훌륭하고, 제일로 장해요!
_____ 씨 원하는대로 해요. _____씨 인생, 이렇게
누구한테 손목 잡혀 끌려가는 분 아니잖아요.

이 드라마에는 훌륭한 두 주연 배우들 외에도 약방의 감초와 같은 역할을 하는 훌륭한 조연 배우가 많이 등장하는데요. 그 중에서 가장 많은 사람의 눈길을 끌었던 배우는 바로 '오정세'라는 배우였습니다. 드라마에서는 다소 지식이 부족하고 순진한 듯한 노규태라는 역할을 맡았는데 드라마를 보는 내내 '정말 연기를 잘하는 배우구나'라는 생각을 했답니다.

오정세 씨는 이 드라마를 통해 연기력을 더욱 인정받아 제56회 백상예술대상 TV 부문 남자 조연상을 수상했습니다. 그런데 당시 그의 수상소감이 드라마 속 연기만큼이나 큰 호평을 받아 길이 남을 수상소감으로 인정받았는데요, 어떤 내용이었는지 함께 들어 볼까요?

세상은 불공평하다고 생각했다
(백상예술대상 오정세 소감)

어떤가요? 정말 멋진 수상소감이죠?

이 수상소감은 저뿐 아니라 많은 사람에게 작은 울림을 주었답니다. 배우로서 100편이 넘는 작품에서 연기를 하는 동안 모든 역할을 최선을 다해 소화해냈던 오정세 씨는 비록 주연 배우는 아니었지만 누구보다도 빛나는 멋진 씬스틸러Scene Stealer였습니다. 오정세 씨가 했던 수상소감 중 일부(흐린 글씨)를 따라 쓰면서 그 분이 전하고자 했던 메시지를 더 깊이 생각해 볼까요?

오정세 배우의 수상소감

어떤 작품은 성공하기도 하고, 어떤 작품은 심하게 망하기도 하고, 또 어쩌다 보니까 이렇게 좋은 상까지 받는 작품도 있었는데요. 그 100편 다 결과가 다르다는 건 좀 신기한 것 같았습니다. 저 개인적으로는 그 100편 다 똑같은 마음으로 똑같이 열심히 했거든요. 돌이켜 생각을 해보면은 제가 잘해서 결과가 좋은 것도 아니고, 제가 못해서 망한 것도 아니였다는 생각이 들더라고요.

세상에는 참 열심히 사는 보통 사람들이 많은 것 같습니다. 그런 분들 보면은 세상은 좀 불공평하다는 생각이 듭니다. 꿋꿋이 그리고 또 열심히 자기 일을 하는 많은 사람에게 똑같은 결과가 주어지는 건 아니라는 생각이 들어서 좀 불공평하다는 생각이 드는데, 그럼에도 불구하고 실망하거나 지치지 마시고 포기하지 마시고 여러분들이 무엇을 하든 간에 그 일을 계속하셨으면 좋겠습니다. 자책하지 마십시오. 여러분 탓이 아닙니다.

그냥 계속하다 보면 평소에 똑같이 했는데 그동안 받지 못했던 위로와 보상이 여러분을 찾아오게 될 것입니다. 저에게는 동백이가 그랬습니다. 여러분들도 모두 곧 반드시 여러분만의 동백을 만날 수 있을 거라고 믿습니다.

힘든데 세상이 못 알아준다고 생각을 할 때 속으로 생각했으면 좋겠습니다. 곧 나만의 동백을 만날 수 있을

거라고요. 여러분들의 동백꽃이 곧 활짝 피기
를 저 배우 오정세도 응원하겠습니다. 감사합니다.

첫번째 질문
드림Dream

배우 오정세 씨의 수상소감을 들으면서 여러분은 어떤 생각을
하셨나요? 그의 수상소감 중 가장 마음에 와닿거나 위로가 되
는 말이 있다면 그 말을 가슴에 새기는 마음으로 한 번 더 이
곳에 자신의 글씨로 적어 봅시다.

추모사

"Yes, We can!"

단순하지만 강력한 이 말은 미국의 제44대 대통령이자 최초의 흑인 대통령이었던 버락 오바마Barack Hussein Obama가 첫 대선 도전 당시 외쳤던 슬로건입니다. 그는 많은 사람에게 영감을 주는 연설로도 유명한 대통령이지요.

2015년 미국의 사우스캐롤라이나주의 한 흑인교회에 백인 우월주의에 사로잡힌 21살의 한 백인이 들어가 총기를 무차별 난사하여 흑인 9명을 희생시켰던 사건을 아시나요? 이 사건의 희생자 장례식에 참석한 버락 오바마 대통령. 그는 과연 어떤 연설로 희생자와 유족들, 그리고 슬픔과 분노에 사로잡힌 사람들을 위로했을까요?

버락 오바마 전 대통령은 추모사를 시작하기 전 'Amazing Grace(놀라운 은혜)'를 불렀습니다. 오르간 반주가 시작되었고 이내 장례식에 참석한 모든 사람은 오바마 대통령과 함께 합창했습니다. 이 곡은 영국 성공회 존 뉴턴 신부가 흑인 노예무역에 관여했던 자신의 죄를 회개하고 죄를 사해 준 하나님의 은총에 감사하는 찬송가입니다.

이 노래는 전 세계 많은 이들에게 위로와 영감을 주

는 역사상 가장 훌륭한 노래 중 하나입니다. 당시 그 자리에 있었던 수많은 흑인에게는 그 어떤 말보다 더 강력한 위로가 되었답니다. 이렇게 짧은 한 곡의 노래도 누군가에게는 말로 다 할 수 없는 위로가 되고 힘이 되는 훌륭한 연설이 될 수 있답니다.

Amazing grace, how sweet the sound. That saved a wretch like me.
놀라운 은총, 나 같은 가엾은 자를 살린 그 소리가 얼마나 감미로운가.

I once was lost, but now I'm found. Was blind, but now I see.
나는 한때 방황했지만 지금은 내 자신을 찾았고, 눈이 멀었지만 지금은 보이네.

첫번째 질문
드림Dream

여러분이 누군가에게 위로를 전하거나 꿈과 삶에 대한 메시지를 전달한다면, 청중에게 들려주고 싶은 노래가 있나요? 어떤 노래로 청중에게 삶과 꿈에 대한 메시지를 전달할 수 있을까요?

노래 제목 :

꼭 들려주고 싶은 가사 :

졸업식 축사

조앤 롤링
하버드대 졸업식 초청 연설

엄청난 상상력으로 전 세계적으로 마법 열풍을 일으킨 판타지 소설과 영화, 아시나요? 바로 〈해리포터 시리즈〉입니다. 이 소설을 쓴 작가는 조앤 롤링Joan K. Rowling입니다. 이렇게 대단한 소설을 쓴 그녀에게도 가슴 아픈 과거가 있습니다.

조앤 롤링은 작가가 되고 싶었지만 글 쓰는 일은 돈이 되지 않는다는 부모님의 반대로 회사에 취직하지만 얼마 못 가 해고당하고 맙니다. 포르투갈에서 결혼을 했지만 폭력을 휘두르는 남편 때문에 임신한 몸으로 이혼을 하고 영국으로 돌아와 정부 생활 보조금을 받으며 딸과 함께 가난을 이기며 살게 됩니다. 우울증과 자살충동에 시달리다가 자신의 꿈을 찾기 위해 중고시장에서 타자기를 구입해 그토록 원하던 글을 썼는데 이 때 집필한 것이 〈해리포터 시리즈〉입니다.

화려한 성공 뒤에 감춰진 어두운 그녀의 삶이라니. 보통 사람은 상상도 못할 어려운 암흑의 시기를 지나 역사상 가장 유명하고 위대한 판타지 소설의 작가가 된 그녀는 자신의 삶의 이야기를 통해 많은 사람에게 영감을 주는 멋진 연설을 하기도 했습니다.

인생의 바닥이라고 느껴졌던 시간에서부터 세상 모두가 알만한 유명 인사가 되어 부와 명예를 손에 거머쥔 그녀가 하버드대 졸업식 초청 연설에서 모두에게 하고 싶었던 말은 무엇이었을까요? 조앤 롤링의 연설 중 일부를 함께 들어 볼까요?

첫번째 질문
드림|Dream

살면서 누구나 경험하게 되는 실패라는 쓴 약이 그저 나쁜 경험만은 아닌 것 같죠? 그것을 통해 평소엔 깨닫지 못할 많은 것을 깨닫게 되는 것 같습니다. 여러분의 삶 속엔 그동안 어떤 어려움이 있었나요? 잊지 못할 실패의 경험이 있나요? 그것을 통한 깨달음이나 느낀 점이 있다면 적어 보세요. 혹시 실패의 아픔을 글로 쓰고 싶지 않다면 간단한 그림이나 자신만이 알아볼 수 있는 표식 정도로 간단히 정리해 보세요.

꿈 연설

이제 시선을 여러분 자신에게로 돌려봅시다. 만약 여러분에게 단상에 서서 여러분의 삶에 대한, 꿈에 대한 이야기를 할 기회가 주어진다면 어떤 이야기를 담아볼 수 있을까요? 다음 단계를 하나씩 밟아가면서 차근차근 자신만의 꿈 연설문을 만들어 봅시다.

[Step 1] 키워드 적어보기

연설문을 쓰기에 앞서 다음의 키워드를 보고 자신의 연설문에 꼭 포함되었으면 하는 단어를 10~15개 정도 적어 보세요. 여러분의 연설에는 어떤 키워드가 들어가면 좋을까요?

감동	감사	결단	겸손	경청	공감	공정	관용
극기	기쁨	기여	나눔	노동	노력	단정	미소
배려	배움	사랑	성실	소통	신뢰	실천	양보
여유	열정	예의	용기	유머	절약	절제	정의
정직	존중	책임	친절	협동	화해	효도	희망

출처 : 박영하 지음, 인성노트, YBM

_____ _____ _____ _____ _____

_____ _____ _____ _____ _____

_____ _____ _____ _____ _____

[Step 2] 가치있는 키워드 고르기

몇 개의 키워드를 정했나요? [step 1]에서 제시한 키워드는 인성교육의 주요 내용 요소인 핵심가치·덕목 8가지(예, 효, 정직, 책임, 존중, 배려, 소통, 협동)를 비롯하여 모두 40가지의 가치·덕목을 담았습니다. 여러분이 소중하게 생각하는 인생의 가치는 어떤 것인가요? 자, 이제는 [step 1]에서 선택했던 가치를 조금 더 신중하게 생각해 보고 키워드를 반으로 줄여 볼까요? 여러분의 꿈 연설문에 반드시! 꼭! 포함했으면 하는 가치는 어떤 것인가요?

_____ _____ _____ _____ _____

_____ _____ _____ _____ _____

[Step 3] 연설문 개요 정하기

이제 본격적으로 여러분만의 꿈 연설문을 작성해 볼까요? 여러분이 지금까지 들어온 다양한 사람들의 연설을 참고로 하여 나만의 꿈 연설을 준비해 봅시다! 여러분의 꿈 연설에 들어갈 내용이나 전체 구성을 완전한 문장이 아니어도 좋으니 일단 간단하게 적어 보세요. 키워드를 중심으로 이야기를 편하게 써 보세요. 한 번에 모든 것을 완벽하게 할 수는 없는 법! 너무 부담 갖지 말고 일단 펜을 잡고 생각의 흐름을 따라 아무렇게나 기록해 보세요! 쓴 글을 자꾸 다듬다 보면 곧 자신만의 꿈 연설문을 완성하게 될 거예요.

_____

_____

[Step 4] 연설문 도입부 작성하기

이제 조금 더 구체적으로 꿈 연설문을 작성해 볼까요? '시작이 반이다!'라는 말이 있죠? 유머로 연설을 시작할 수도 있고, 노래를 부를 수도 있고, 질문을 통해 호기심을 유발할 수도 있어요. 여러분의 취향이나 성격에 맞는 연설문의 도입부를 간단히 작성해 볼까요? 먼저 연설을 하는 대상과 장소를 상상해 보고 적은 후 도입부(인사말과 주제 제시)를 써 보세요.

[Step 5] 연설문 완성하기

대상과 장소를 정하고 도입부 인사까지 쓰고 보니 어떤가요? 아주 거창한 꿈 연설을 써야 한다는 부담감은 내려놓고 소소하지만 진심이 가득 담긴 꿈과 희망의 메시지를 작성하면 됩니다. 여러분의 꿈 연설은 어쩌면 누군가에게는 인생을 바꿔놓는 인생 연설이 될 수도 있답니다!

첫번째 질문
드림Dream

연설문이 완성되면 거울 앞에 서서 읽어 보거나 휴대폰 카메라를 이용해서 동영상을 찍은 다음 자신의 꿈 연설을 꼭 들어 보세요. 꿈은 생생하게 꿀수록 여러분에게 더 가까이 다가온답니다. 그리고 자신의 꿈 연설을 들어 보고 느낀 점을 적어 보세요.

꿈을 남기다

꿈 유언

"호랑이는 죽어서 가죽을 남기고, 사람은 죽어서 이름을 남긴다."

사람은 언젠가는 죽음을 맞이하게 됩니다. 그 때가 언제일지 지금은 알 수 없지만, 모든 사람이 죽음에 이른다는 것은 명백한 사실입니다. 사람이 죽기 전에 미리 준비하는 것은 무엇일까요? 어떤 사람은 남겨진 가족이나 친구들이 자신을 기억할 수 있도록 옷을 곱게 차려입고 사진관에 가서 영정 사진을 찍기도 하고, 자신이 주변 사람들에게 하고 싶은 말을 글이나 영상으로 남기기도 합니다.

이렇게 사람이 죽음에 임박하여, 혹은 아직 죽음이

백혈병을 앓던 한 청년의 유언장
"우리 빛이 되어 다시 만나자"

첫번째 질문
드림Dream

먼 젊은 시절에도 언제 다가올지 모를 죽음을 대비하여 미리 남겨둔 말을 유언遺言이라고 합니다. 여러분은 자신의 마지막 말, 유언에 대해 생각한 적이 있나요? 얼마 전 젊은 나이에 질병으로 세상을 떠난 안타까운 한 청년의 이야기를 함께 들어 보시죠.

스무 살이었던 천사와 같은 착한 마음을 가진 청년이 안타깝게도 세상을 떠났습니다. 그는 친구들에게 세상을 밝게 밝혀 주는 선한 일을 계속해 주기를 부탁하였습니다. 故 유준범 청년이 남겼던 유언의 의미를 생각하며 함께 따라 써 볼까요?

"친구들아,

어려운 이웃을 위해 살고 싶었던 내 꿈을 대신 이루어다오.

너희는 세상의 빛이 되고 나는 밤하늘 빛이 되어 함께 세상을 밝히자."

세상을 떠나기 전 사람들에게 전하는, 혹은 혼자 조용히 남겨두고 떠나는 유언. 역사 속의 유명한 사람들은 어떤 말을 남기고 싶었을까요? 다음 유언을 한번 천천히 읽어 볼까요?

제임스딘	"영원히 살 것처럼 꿈꾸고 오늘 죽을 것처럼 살아라."
임마뉴엘 칸트	"이것으로 족하다."
부처	"태어나는 모든 사물은 덧없으며 결국 죽는다."
공자	"지는 꽃잎처럼 현자는 그렇게 가는구나."
마크 트웨인	"죽음, 그것이야말로 불멸의 것. 우리 모두를 똑같이 대해 더러운 자와 순수한 자, 부자와 가난한 자, 사랑받은 자와 사랑받지 못한 자, 모두에게 평화와 안식을 전해 주도다."
방정환	"나는 가오. 부디 일 많이 하시오."
박경리	"버리고 갈 것만 남아서 참 홀가분하다."

두번째 질문
드림Dream

여러분에게 가장 와닿는 유언을 세 가지 골라 그대로 옮겨 적어 보세요.

①

②

③

유언을 직접 써본다는 것은 정말 가치있는 경험이 될 수 있습니다. 자신의 삶을 조금 더 진지한 자세로 돌아보게 되고, 삶의 마지막 순간을 가정하면서 유언을 쓸 때 앞으로의 시간을 조금 더 가치있는 시간으로 만들어갈 수 있는 계기가 될 수 있기 때문이죠.

제가 대학을 다니던 시절, 수업 시간 중 가장 감명 깊고 많은 영감을 주는 연설을 한 편 접하게 되었습니다. 그 연설은 미국 스탠포드 대학교의 졸업식 축사였는데, 그 축사의 주인공은 바로 애플의 전 CEO였던 스티브 잡스Steve Jobs였습니다. 그는 이미 세상을 떠난 사람이 되었지만 졸업생들을 향한 그의 메시지는 이제 막 더 넓은 세상을 향해 한 걸음을 내딛는 스탠포드 대학교 졸업생들 뿐 아니라 저를 포함하여 그 졸업축사 영상을 시청한 수많은 사람에게 큰 도전이 되었습니다. 저는 그 연설의 내용이 꼭 그의 마지막 유언과도 같이 느껴졌어요.

스티브 잡스는 "오늘이 내 인생 마지막 날이라면 지금 하려고 하는 일을 할 것인가?"라는 질문을 해보라고 했습니다. 시간은 한정되어 있으니 다른 사람의 삶을 사느라 시간을 낭비하지 말고 가슴과 영감을 따르는 일에 용기를 내라고 권하며 "계속 갈망하라 우직하게 나아가라Stay Hungry Stay Foolish"는 말을 전했습니다.

스마트폰이라는 놀라운 기기를 통해 온 세상의 판도를 바꾸어놓은 혁신의 선구자였던 그가 50대 중반에 췌장암으로 세상을 떠나기 전 남긴, 유언과도 같은 졸업축사는 들을 때마다 깊은 감동을 줍니다.

세번째 질문
드림Dream

유언을 써 본다는 것이 어쩌면 여러분에게, 아니 누구에게나 한 번도 생각해 보지 못한 경험일 수도 있지만 지금까지의 유언을 살펴보니 유언을 쓴다는 것이 그저 슬프거나 두려운 일만은 아닌 것 같죠? 여러분은 가족들이나 친구, 지인들에게 어떤 말을 남기고 싶은가요? 긴 글을 써도 좋고 짧은 문장을 써도 상관없습니다. 무엇보다 자신의 삶을 돌아보면서 지인들에게, 후손들에게 진심어린 충고이자 응원의 메세지를 남긴다는 생각으로 써 보세요. 우리의 인생은 유한하지만, 우리가 남기는 글은 영원하답니다.

꿈 묘비명

세월이 지나 여러분이 마음속에 품고 있던 꿈을 이루고 생을 마감할 때가 된다면 여러분은 지난 삶을 어떻게 회고하실 건가요? 이번에는 꿈 유언에 이어 꿈 묘비명에 대한 이야기를 하고자 합니다.

묘비명은 죽은 사람을 기리는 짧은 문구를 가리키는 말입니다. 즉 묘비명이란 묘비에 새겨진 문구를 말하는 거죠. 사망 전에 자기 자신이 직접 쓰는 경우도 있지만, 대부분은 매장을 책임지는 사람에 의해 선택된다고 합니다. 여러분이 작성했던 꿈 유언과 비슷하지만, 훨씬 더 많은 의미를 함축하는 단 한마디의 묘비명을 쓰려면 어쩌면 더 많은 생각과 고민이 필요할지도 모릅니다.

《적과 흑》의 저자인 프랑스 소설가 스탕달은 "살았다 썼다 사랑했다"라고, '가곡의 왕'이라 불리는 오스트리아 작곡자 슈베르트는 "음악은 이곳에 소중한 보물을 묻었다"라고 일생을 집약한 묘비명을 썼습니다. 〈풀꽃〉 시인 나태주는 묘를 찾아올 자녀들에게는 건네는 말인 "많이 보고 싶겠지만 조금만 참자"를 묘비명으로 하려고 미리 정해 놓았다고 합니다.

위인들의 묘비명 중에 특별히 기억에 남는 문구가 있나요?
어떤 문구였는지 써 보고 그 느낌도 함께 기록해 보세요.

이번에는 묘비명과 관련해서 제가 좋아하는 천상병 시인의 시 '귀천'에 대해 말씀 드리려고 합니다.

천상병 시인은 가난을 자신의 직업이라고 이야기했던, 수고 많은 인생을 살다 병환으로 세상을 떠난 분이에요. '귀천'이라는 시의 마지막 구절은 "나 하늘로 돌아가리라 / 아름다운 이 세상 소풍 끝나는 날, / 가서, 아름다웠더라고 말하리라…"입니다.

이 구절이 저에게는 뭔가 알 수 없는 울림을 주었답니다. 이 세상에서의 삶을 '소풍'이라고 이야기했던 글귀가 저에게는 큰 감동으로 다가왔거든요. 자신의 고

향인 하늘로 돌아가겠다는 구절을 읽고 저는 그런 생각을 하게 되었습니다. 만약 제가 언젠가 이 생을 마감하고 제가 묻혀진 자리, 저의 묘비에 한마디의 글귀를 적는다면 저도 이 시구를 새겨둘 것 같다는 생각을요.

실제로 천상병 시인 자신도 자신의 묘비명으로 "나 하늘로 돌아가리라 / 아름다운 이 세상 소풍 끝나는 날 / 가서 아름다웠더라고 말하리라"라고 썼습니다.

1925년 노벨상 수상자 조지 버나드 쇼George Bernard Shaw는 1950년 95세의 나이로 세상을 떠났습니다. 그의 묘비명은 그의 이름만큼이나 유명한데, 다음과 같은 문구가 써 있다고 합니다.

"우물쭈물하다 내 이럴 줄 알았지."

여러분도 자신의 묘비명에 대해 생각해 보는 시간을 가졌으면 좋겠습니다.

그동안 여러분은 이 책과 함께 '꿈'이라는 주제로 많은 생각과 활동을 해왔는데요, 그렇게 꿈을 향해 달려가 언젠가는 꿈을 이룬 여러분의 삶의 끝에서 마지막으로 어떤 한마디의 말을 남길 수 있을까요?

두번째 질문
드림Dream

자신의 죽음 이후에 자신을 만나러 올 사람들이 항상 볼 수 있는 단 한마디의 글귀를 남긴다는 것이 결코 쉬운 일은 아닌 것 같죠? 여러분은 여러분의 묘비에 어떤 말을 쓰고 싶나요? 다양한 묘비의 글귀를 따라 써 보고, 마지막 줄에는 자신의 묘비명을 기록해 봅시다.

아무것도 바라지 않는다. 아무것도 두렵지 않다. 나는 자유롭다.
– 니코스 카잔차키스

The best is yet to come. – 프랭크 시나트라

나의 묘비명

청소년을 위한 꿈꾸는 다락방 꿈노트

꿈 유산

오늘의 꿈을 향한 여정은 간단한 퀴즈로 시작해 볼까요?

Q. 다음 문화재들의 공통점은 무엇일까요?

석굴암·불국사 (1995년)	해인사 장경판전 (1995년)	종묘 (1995년)
창덕궁 (1997년)	화성 (1997년)	경주역사유적지구 (2000년)

정답은 무엇일까요? 네, 맞습니다. 모두 유네스코에 '세계 유산'으로 등재된 문화 유산들입니다.

위대한 유산을 보면 왠지 모르게 가슴이 벅차오릅니다. 우리나라의 자랑스런 세계 유산을 함께 감상해 보실까요?

문화 유산 홍보동영상

유네스코 세계 유산UNESCO World Heritage은 유네스코에서 인류의 소중한 문화 및 자연 유산을 보호하기 위해 지정한 것으로 1972년 11월 제17차 정기 총회에서 채택된 세계 문화 및 자연 유산 보호 협약에 따라 정해진다고 합니다.

무언가 의미가 있어 보인다고 해서 무엇이든지 세계 유산으로 등재를 할 수 있는 것은 아니겠죠? 세계 유산은 문화, 자연 유산으로 분류되어 다음과 같은 선정 기준에 따라 선정된다고 해요.•

문화 유산

1. 독특한 예술적 혹은 미적인 업적, 즉 창조적인 재능의 걸작품을 대표하는 유산
2. 일정한 시간에 걸쳐 혹은 세계의 한 문화권 내에서 건축, 기념물 조각, 정원 및 조경 디자인, 관련 예술 또는 인간 정주 등의 결과로서 일어난 발전 사항들에 상당한 영향력을 행사한 유산
3. 독특하거나 지극히 희귀하거나 혹은 아주 오래된 유산
4. 가장 특징적인 사례의 건축 양식으로서 중요한 문화적, 사회적, 예술적, 과학적, 기술적 혹은 산업의

• 국제기념물유적협회(ICOMOS)와 국제문화재보존 로마센터(ICCROM)가 도움을 지원

발전을 대표하는 양식

5. 중요하고 전통적인 건축 양식, 건설 방식 또는 인간 주거의 특징적인 사례로서 자연에 의해 파괴되기 쉽거나 역행할 수 없는 사회·문화적 혹은 경제적 변혁의 영향으로 상처받기 쉬운 유산

6. 역사적 중요성이나 함축성이 현저한 사상이나 신념, 사진이나 인물과 가장 중요한 연관이 있는 유산

자연 유산

7. 특별한 자연미와 심미적 중요성을 지닌 빼어난 자연 현상이나 지역

8. 생명체의 기록, 지형 발달과 관련하여 진행 중인 중요한 지질학적 과정, 또는 중요한 지형학적, 지문학적 특징을 비롯하여 지구사의 주요 단계를 보여주는 매우 훌륭한 사례

9. 육상, 담수, 해안 및 해양 생태계와 동식물군의 진화 및 발달과 관련하여 진행 중인 중요한 생태학적, 생물학적 과정을 보여주는 훌륭한 사례

10. 과학적 또는 보전적 관점에서 뛰어난 보편적 가치가 있는 멸종 위기종을 포함하는 곳을 비롯하여, 생물 다양성의 현장보전을 위해 가장 중요하고 의미있는 자연 서식지

생각보다 선정 기준이 복잡하죠? 세계적으로 중요하고 의미있는 가치를 가진 '유산'을 결정하는 데에 있

어서는 당연히 적합한 선정 기준이 있어야 하겠지요. 우리 조상들이 살아 생전 남긴 가치인 유산. 그 유산들을 소중하게 지켜내는 것이 우리의 의무이기도 하고요.

그런데 꿈 여정 중에서 왜 갑자기 유네스코 세계 유산을 이야기하느냐고요? 이번 챕터에서는 여러분이 삶의 끝에 남겨둘 '꿈 유산'에 대한 이야기를 하기 위해서입니다.

일반적으로 사람들은 '유산'이라고 하면 돈과 관련지어 생각을 많이 하는데요. 돈이 아닌, 돈으로 값을 매길 수 없는, 눈에 보이지 않는 소중한 유산에 대한 이야기를 하려고 합니다.

우리에겐 조상들이 남겨준 소중한 유산이 많이 있습니다.

유물과 유적, 성터와 궁터 같은 유형 유산과 전통 음악, 춤, 놀이 같은 무형 유산 등이 있어요. 그런 것들을 통해 우리는 조상들의 생활 도구나 생각, 문화 양식, 여가 생활, 가치관 등에 대해 알 수 있지요.

우리나라는 그러한 유산이 많은 나라이기도 하지만 우리나라 자체가 하나의 위대한 유산이기도 합니다. 나라를 되찾기 위해, 나라를 지키기 위해, 자유를 얻기 위해 오랜 세월 동안 수많은 희생과 헌신으로 지켜온 나라이기 때문입니다.

많은 사람이 병들고 불공평한 사회를 비관하며 나라를 미워하기도 합니다. 하지만 오늘 우리가 당연하게 누리고 있는 하루는 국가가 부여한 임무를 수행한 영웅들의 희생과 헌신으로 인한 소중한 선물이라는 것을 기억해야 합니다.

지식채널-e에서 제작한 '위대한 유산 - 나라, 사랑하시나요?'라는 영상을 보면 자세히 알 수 있습니다.

나의 독립 영웅 유일한

여러분은 '유일한柳一韓'이라는 분을 아시나요?

대한민국의 기업인이자 독립운동가로서 한국 사람들의 보건과 관련된 중요한 문제를 해결하기 위해 '유한양행'이라는 회사를 설립하여, 정직한 기업활동을 한 분입니다. "나의 전 재산을 교육하는 데에 기증하라"는 유언을 남기기도 하셨답니다. 이 분에 대한 짧은 영상을 함께 보면서 여러분이 남길 꿈 유산은 무엇이 있을지 생각해 볼까요?

첫번째 질문
드림Dream

자신만을 위한 꿈이 아닌, 나라와 민족을 살리기 위한 꿈을 꾼 '유일한'이라는 이름보다 어쩌면 '위대한'이라는 이름이 더 어울릴 것만 같은 그 분의 이야기가 여러분에게 어떤 울림을 주었는지 간단히 기록해 보세요.

재산을 아낌없이
유산기부로 남긴 신현국

유산에 대한 생각을 다시 한번 하게 해주는 훌륭한 분을 한 분 더 소개하려고 합니다. 장애를 가진 아이들을 키우면서 장애인들의 생활을 돕고자 자신의 유산을 모두 기증한 분의 이야기인데요. 어떤 분인지 같이 한 번 보실까요?

두번째 질문
드림Dream

유산은 돈이 될 수도 있고 여러분이 세상을 떠나기 전, 후손들에게 남기고 가는 소중한 가치관일 수도 있습니다. 여러분은 무엇을 후손들에게 남기고 싶은가요? 그것을 남기고 세상을 떠나고 싶은 이유가 무엇인지 적어 봅시다.

꿈을 기록하다

꿈튜브

요즘 많은 사람이 스마트폰으로 인스타그램, 페이스북, 틱톡, 유튜브 등을 이용합니다. 여러분은 이러한 소셜미디어 중 어떤 앱을 얼마나 자주 이용하고 계신가요? 저는 인스타그램과 유튜브를 자주 이용하는 편인데요, 재미있는 장면이나 이야기를 담은 영상이나 글이 많아 여가 시간을 웃으면서 보내기에 참 좋은 앱인 것 같습니다.

흔히 SNS라고 불리우는 이 소셜미디어에는 단지 재미있는 콘텐츠들만 가득한 것은 아니에요. 여든이 넘은 저희 어머니에게 몇 달 전 처음으로 유튜브라는 앱을 소개해 드리고 사용법을 알려드렸는데, 수십년 간 내려온 저희 집 김치의 맛, 즉 레시피가 다르게 바뀌었다는 사실만 봐도 유튜브를 비롯한 SNS의 영향력은 엄청나다고 볼 수 있을 것 같습니다.

우리가 SNS를 통해 다양한 정보를 수집하고 또 그 영상을 통해 알게 된 다양한 활동을 따라서 직접 해 보는 등의 모든 활동이 여러분의 꿈과 관련이 있는 것은 아닐까요?

이번에는 여러분의 꿈을 담은 유튜브, 즉 '꿈튜브'에 여러분의 꿈을 담는 시간을 가져 보기로 해요. 노래, 춤, 그림, 각종 크고 작은 손재주, 시낭송, 동화구연 등 내용은 무엇이든 상관 없어요. 아주 사소한 것부터 영상에 담아 보세요. 꼭 꿈에 대한 것이 아니어도, 그 저 재미를 위한 그 어떤 내용이라도 좋아요. 다양한 내용을 담아 꿈튜브를 운영하면 많은 경험을 통해 조금 씩 여러분의 꿈에 다가갈 수 있을 거예요.

유튜브 채널 이름 설정부터 모든 것이 낯선 여러분을 위한 영상을 소개해 드립니다. 유튜브 채널 운영에 대한 팁을 얻어 보세요!

"시작이 반이다!", "천리길도 한 걸음부터!"라는 말이 있습니다. 여러분! 꿈튜브 채널을 개설하여 활동하지 않더라도 일단 내 꿈을 담은 채널을 만들어 보세요. 여러분에게 충분한 동기부여가 될 수 있을 거예요.

유튜브 채널 만들기 (2021ver)

첫번째 질문
드림Dream

유튜브의 채널 이름과 닉네임은 앞으로 여러분이 어떤 콘텐츠를 다루고 어떤 방향으로 채널을 이끌어갈지 보여주는 얼굴입니다. (이미 채널을 개설하고 활동 중인 분들도 계시겠지만) 여러분이 유튜브 꿈 채널, 즉 '꿈튜브'를 개설한다면 채널 이름과 닉네임을 무엇으로 설정하고 싶은가요? 여러분의 정체성과 앞으로의 꿈 활동이 잘 드러날 수 있는 이름을 생각해 보고 되도록 많이 적어 보세요. 뭔가 참신하고 잊혀지지 않을 그 무언가가 있을 거예요!

채널이름 후보 :

닉네임 후보 :

두번째 질문
드림Dream

썸네일은 구독자들이 받는 첫인상입니다. 여러분의 꿈튜브 썸네일은 어떤 이미지일까요? 썸네일 이미지를 그려 보세요.

세번째 질문
드림Dream

첫 영상의 대략적인 그림을 그려 볼까요? 초보 꿈튜버로서 자신을 어떻게 소개할지 첫 영상에 담을 자기 소개글을 적어 보세요. 나를 전혀 모르는 누군가에게 자신을 무슨 말로 표현할 수 있을까요? 직접 말로 소개하기 어려운 분은 여기에 그림으로 자신을 표현하고 내레이션을 써 보세요.

청소년을 위한 꿈꾸는 다락방 꿈노트

네번째 질문
드림Dream

누구에게나 첫인상은 기억에 오래 남는 법이죠! 지금 거울 앞에 서서 나만의 쇼맨십을 발휘하여 나만의 스타일로, 자신감을 갖고 자기소개를 해 보세요! 그리고 준비가 되셨다면 핸드폰 카메라를 세팅하고 역사적인 여러분의 첫 꿈튜브 영상을 찍어 보세요!

꿈튜버가 된다는 것이 생각보다 쉽지는 않지만, 분명히 여러분의 꿈을 영상으로 기록하는 것 자체가 여러분에게 큰 자양분이 될 것이라고 믿습니다.

가능하다면 지인들과 영상을 공유하고 피드백(댓글, 좋아요, 구독 등)을 받아 보세요. 더욱 힘이 날 거예요!

꿈을 이루다

Chapter 4

어떻게 내 꿈을
이룰 수 있을까?

사람이 태어나서 자라남에 따라 자신과 주변 사람들과 세상을 인식하게 됩니다. 그리고 자신의 꿈을 찾고 그 꿈을 펼치고 이루어가며 더 나아가 열매를 나누며 삽니다.

꿈은 아직 이루어지지 않은 미래의 이야기이기도 합니다. 또 어떤 사람에게는 이미 이루어 놓은 과거의 이야기입니다. 그러나 저는 꿈이 현재의 이야기이고 지금 여기에서의 나의 삶이라고 생각합니다.

앞으로 일어날 일을 기대하기만 하면서 아무런 계획도 없고 어떤 행동도 하지 않는 사람에게는 시간이 흘러도 기대하는 일은 영원히 이룰 수 밖에 없습니다. 또한 이미 성취했던 과거의 추억에만 취해 있는 사람에게는 과거일 뿐입니다. 그러나 자신의 꿈이 확실하고 그 계획이 분명히 서 있는 사람이라면 어떠한 난관에 부딪혀도 포기하지 않고 계획을 수정해가며 다시 도전해서 결국은 성취하게 될 것입니다. 그러하기에 꿈을 갖고 있는 사람은 미래도 아니고 과거도 아니며 오직 지금 여기 현재에 최선을 다하며 살아갑니다.

chapter 4에는 우리의 주변에서 꿈을 이루어가며 현재를 충실하게 살아가는 멘토들의 실제 이야기를 담았습니다. 10대와 20대 청소년이 고등학교와 대학교를 선택하고 진학하는 이야기. 30대의 취업과 사회 진출에 대한 도전과 좌충우돌 그리고 성장 이야기. 40대와 50대의 직장과 사회에 적응하고 성취하는 이야기. 60대와 70대의 은퇴와 제2의 인생 이야기를 우리 주변에서 찾아서 기록하였습니다.

미국으로 이민을 가서 건축디자인을 전공하고 직장생활을 하면서 많은 어려움을 겪

었지만 결국은 포기하지 않고 원하던 공부를 해서 의과대학 본과인 메디컬스쿨에 진학하여 의사가 된 이야기와 아이언맨을 만들겠다는 꿈을 품고 로봇고등학교에 진학한 청년의 이야기가 있습니다.

　다양하게 경험해 본 후 자신이 잘하고 좋아하는 분야를 결정하라는 것과 열심히 하면 기회가 온다는 것을 강조하는 〈청춘, 거침없이 달려라〉의 저자 이야기, 재능과는 무관하게 먹고살기 위해서 직업을 이곳저곳 옮겨 다니던 중 자신의 재능과 꿈에 대해서 깊이 생각하고 현재의 직업을 통해 자신의 진짜 꿈을 이루어가는 이야기도 있습니다.

　시간을 낭비하지 말고 아끼며 준비함으로 기회를 잡으라는 이야기와 본캐인 교사를 넘어 부캐인 작가로서 7권의 책을 출간하며 풍성하고 행복한 삶을 만들어가는 이야기가 있습니다.

　또 불우한 가정환경을 원망하기보다는 긍정적으로 재해석함으로써 인생의 반전을 경험하고 대기업 임원으로 승진하는 기회까지 얻은 이야기와 1,000권이 넘는 독서 습관과 달리기를 통해 육체적·정신적으로 젊음을 유지하며 은퇴할 나이에 들어서도 현직을 유지하며 살아가는 이야기를 볼 수 있습니다.

　마지막으로 간호사 생활을 하다가 결혼하여 출산과 양육 문제로 전업주부로 살다가 문화센터에서 들은 일본어 강좌를 계기로, 일본어 1급 자격증을 취득하고 유능한 일본어 강사로서 제2의 삶을 살고 있는 이야기입니다.

　이처럼 꿈은 현재진행형입니다. 자신의 진짜 꿈을 찾으면 오늘이 달라집니다. 되는대로 아무렇게나 살아왔던 지금까지의 태도가 달라집니다. 오늘 해야 할 일들이 분명하

고 명확해집니다. 지금까지 살아온 날들에 대한 의미도 부여하게 되고. 과거의 경험을 통해서 교훈과 지혜를 얻습니다. 똑같은 실수가 줄어들고 새로운 도전에 용기가 생깁니다. 꿈을 이루어가는 보통 사람이란 여기 소개된 사람들뿐 아니라 바로 이 책을 읽는 여러분입니다.

지금 바로 작은 한걸음을 시작하기 바랍니다.

의사 문승연

"명품이 아닌 작품이 돼라"

나는 누구보다 성취욕이 강했고 세상의 관점에서 성공하고 싶은 욕심도 강했던 사람이다. '남들이 나를 어떻게 생각할까? 나는 남들에게 어떻게 평가받을까? 내가 성공하면 남들에게 인정받고 가족들은 나를 자랑스럽게 여기겠지?'라는 생각들로만 가득했다. 그 이면을 들여다보면 거기에 '나'라는 존재는 없었고 오로지 다른 사람의 눈과 내가 그들에게 어떻게 평가받을 것인가만 중요했다.

1998년 중학교 3학년 말, 나는 토론토로 가족과 이민을 왔고 2002년 대학교에 입학해서 건축 디자인을 전공했다. 하지만 평소 이과 과목에 관심이 있었고, 고등학교 내내 이과 과목을 이수했던 것과 자연 계열 Life Science 학과의 합격 통지서를 받은 것이 늘 미련이 남았다. 그래서 따로 해부학이나 심리학 등 여러 과목을 수강하기 시작했다. 그러면서 나의 순수했던 배움의 열정이 세속적인 욕심으로 조금씩 대체되어서, 졸업 후 직장 생활을 하면서 의과대학 본과인 메디컬스쿨에 가기로 했다. 평소 도전하는 것을 좋아했던 나에게 공부는 스트레스가 되지 않았지만, 꼭 성공하겠다는 마음만이 가득했다. 성공하겠다는 마음은 잘 되어서 자신을 증명하고 싶다는 위험한 생각으로 바뀌었고, 그리고 누구에게도 뒤처지지 않고 위로, 더 위로 올라가겠다는 욕심이 되어 나를 압도하기 시작했다. 그러기에 누구보다도 독하게 노력했고 도전했지만, 경제적인 이유로 학업을 중단하기에 이르렀다. 세상이 원망스러웠고 무엇보다 나 자신이 원망스럽고 바보같았다. 그때까지 독하게 공부하며 몇 년 동안 공부하고 노력한 것이 물거품이 되어버린 것 같았다. 다시 원점으로 돌아간 것이다.

그 후 3년 동안 디자인 회사에서 근무하며 건축학과 입시생들을 가르쳤다. 아무리 화려해 보이는 일도, 실패했다는 마음에 그조차 자존심이 허락하지 않았다. 하지만 3년의 시간으로 모가 난 곳은 조금씩 부드러워졌고, 세상의 성공 가치가 아닌 진정한 사명감에 의한 나의 꿈을 찾아가기 시작했다. 그러면서 내 마음 속에 '선한 영향력'이라는 의미가 새겨지고 시야를 넓혀 내가 만나는 모든 사람에게 사랑을 전하고 몸과 마음의 치유를 돕는 하나의 도구가 되고 싶다는 마음이 생겨났다. 몇 년간의 조각나고 깨어진 실패와 좌절들이 나의 소중한 재산이 되어 같은 상황의 사람들을 이해하는 발판이 되었고, 그 조각이 많을수록 더욱더 정교하고 멋진 작품이 될 것이라는 믿음이 생겼기 때문이다. 머리로 만든 생각들이 아닌 마음으로 새겨진 사명이었다.

그 후 다시 공부할 기회가 왔고 이제 그 기회를 받아들이는 내 마음 자세는 전혀 달랐기에 더 힘든 시련이 계속해서 찾아왔지만, 이겨낼 수 있었고 나에게 맡겨진 진짜 꿈을 향해 기쁨과 감사로 나아갈 수 있었다. 그리고 시간이 갈수록 위에 언급한 나의 꿈에 대해 더욱더 세밀하게 고민했고 더 깊고 선명하게 초점을 맞춰 나가기 시작했다. 내가 만나는 모든 사람에게 사랑을 전하고 몸과 마음의 치유를 돕는 도구가 되고 싶다는 그 비전에서 더욱더 깊이 질문을 던졌고, 힘든 시련과 아픔의 시간이 있었기에 더 큰 꿈으로 완성된다는 것을 알게 되었다.

'의사'라는 직업적인 타이틀은 공부를 중단했던 예전이나 현재나 다름이 없다. 하지만 그 이면의 '나'는 완벽히 다른 존재다. 어떤 꿈을 갖고 어떤 마음을 품고 그

조각들을 맞춰 갔느냐가 180도 다르기 때문이다. 시련의 시간 없이 엘리트 코스를 밟아서 의사가 되었다면 어땠을까? 물론 좋을 수도 있겠지만 적어도 나에게는 교만함과 우월의식이 자리잡고 있지 않았을까? 하지만 지금은 조금씩 힘들고 다친 사람들의 마음을 체온으로 알 수 있게 되었고, 그들을 향해 기도하는 마음을 가질 수 있게 되었다.

꿈을 가진 모든 청소년에게 "명품이 아닌 작품이 돼라"고 말하고 싶다. 나라를 대표하는 국립 미술관에는 명품이 아닌 작품만이 걸린다. 세상은 명품에 환호하지만, 작품은 알아보는 사람만 안다. 명품은 시간이 지나면 또 다른 명품으로 대체되지만, 작품은 시간이 지날수록 그 가치를 환산할 수가 없다. 말 그대로 'priceless(가치를 매길 수 없는)!' 하지만 작품은 완성되기 전까지는 아직 작품이 아니다. 실패도 많고 시행착오가 많고 시간도 오래 걸리지만, 그 자체의 독창성을 가진 세상의 하나뿐인 존재다. 그러기에 도전도 많이 하고 실패도 많이 하라고 말하고 싶다.

내가 하고 싶은 것들이 있을 것이다. '내가 하고 싶은 것'과 '내가 잘하는 것', 그리고 '내가 해야 하는 일'이 있다면 과연 무엇을 선택할 것인가? 그 세 가지가 모두 맞물리게 되는 그 특별한 영역이 분명히 있다. 그것을 찾게 되길 바란다.

"내 손으로 아이언맨을 만들래요"

다른 아이들처럼 경찰이나 군인을 꿈꾸던 내가 서울로봇고등학교에 진학하게된 계기는 영화〈아이언맨〉이었다. 다른 사람의 눈에는 그저 CG를 이용한 화려한 공상과학영화였을지도 모르지만, 나에게는 달랐다. 영화를 85번 정도 봤는데, 볼 때마다 가슴이 뛰었다. 나는 그 영화를 매일매일 하루도 빠짐없이 감상했으며 가끔은 하루에 두세 번을 볼 때도 있었다. 그리고 직접 아이언맨 슈트를 만들었다. 돈이 없었기에 동네 슈퍼에 가서 박스를 들고 와서 자르고 다듬고 붙였다. 학교 전시회 날 나는 직접 만든 아이언맨 슈트를 입고 학교에 갔다. 결과는 성공이었다. 사람들의 관심을 한몸에 받았고, 몹시 기분이 좋았다. 초등학교 5~6학년 때 일이다.

중학교에 입학했다. 들어갈 방과후 수업을 찾는 도중 갑자기 가슴이 뛰었다. 내눈은 오로지 한 곳에 가 있었다. 미래기술…. 미래기술? 아이언맨? 나는 참 단순하게도 로봇에 대해 아무것도 모르는 상태에서 오로지 아이언맨을 만들겠다는 생각으로 동아리에 가입했다. 그 후 휴머노이드 로봇 6대가 동아리에 들어왔다.

방과후 활동 도중 영화를 보는데 같이 활동하는 친구가 선생님과 사라졌다. 알고 보니 그 휴머노이드 로봇을 연구하고 있었다. 나는 몹시 불안했다. '저 친구가 나보다 뛰어나게 되면 어떡하지, 나보다 선생님께 인정받으면 어떡하지' 등 수많은 생각이 들었다.

어느 날 로봇이 고장 났다. 그때 나는 생각했다. '이것이 나에게 온 첫 번째 기회다!' 나는 정말 열심히 로봇을 고쳤고, 선생님께 인정받아 그 친구와 함께 미래기술이라는 상설동아리를 만들었다. 동아리 전시회 때 로봇 격투나 댄스도 시연해보이고 많은 로봇 대회에 출전하면서 로봇을 하는 사람들과 친해졌다. 서로 정보를 공유하면서 로봇에 대한 꿈을 키우게 되었다. 수많은 대회를 나가고 실패하고 좌절하는 일을 반복하면서 나는 점차 성장했다. 로봇을 만드는 회사의 탐방을 허락받아 직원들을 만나고, 만들고 있는 로봇과 완성된 다양한 로봇을 직접 보고 설명도 들었다.

그뿐만 아니라 내가 만든 로봇과 로봇 회사의 직원이 만든 로봇이 겨루는 시합도 했다. 물론 로봇 회사의 직원이 만든 로봇에게 졌지만, 너무나 행복한 시간이었다. 또한 데니스 홍 교수님의 강연도 듣고 홍 교수님도 만나면서 나의 진로는 더욱더 확실해졌고, 주변에 내게 도움을 주고 멘토링을 해 줄 사람도 생겼다.

그러던 어느 날 내 머릿속에 아이언맨을 만들겠다던 초등학교 시절 꿈이 생각났다. 나는 다시 그것을 만들기 위해 연구하고 노력했다. 그리고 드디어 내 꿈을 찾았다. 바로 '제트팩 개발자'다.

어느 날 인터넷에서 글렌 마틴이 만든 '마틴 제트팩'을 보았다. 그리고 바로 결정했다. '이것을 꼭 만들어야 한다, 영화에서만 보던 날아다니는 슈퍼영웅이 아니라 내가 실제로 만들고 도전해야겠다'고.

3년의 중학교 생활이 끝나갈 때쯤에 진학할 고등학교를 결정해야 했다. 어느 학교에 가면 성공할 수 있을까? 일반고일까? 특목고일까? 많은 고민을 하다가 로봇 마이스터 고등학교로 진학하기로 했다. 드디어 1차 합격자 발표가 있는 날, 나는 정말 심장이 뛰었다. 잠시 후 나는 기쁨을 감출 수가 없었다. 1차에 합격한 것이었다. 그리고 2차 면접… 나는 면접관 앞에서 당당히 외쳤다.

"저는 꼭 이 학교에 들어가고 싶습니다."

그리고 생각나는 대로 자기소개를 하고 면접관의 질문에 망설임 없이 대답했다. 면접이 너무나도 즐거웠다.

당당히 고등학교에 합격했다. 고등학교에 원서를 보냈을 때의 성적은 내신 97%. 집 근처 일반 고등학교에도 들어가기 힘든 성적이었다. 그렇다. 나는 오로지 나의 꿈을 향한 마음 하나로 감히 넘볼 수도 없는 여기 로봇 마이스터 고등학교까지 달려왔다. 그리고 이 학교에서 더욱 열심히 노력하고 성장하면서 나의 꿈을 향해 조금씩 더 나아갈 것이다.

나의 비전은 차가운 금속으로 따뜻한 기술을 만드는 것이다. 내가 만든 로봇이 미래에 조금이라도 사람들에게 도움이 되고, 사람의 마음을 녹일 수 있고 사람과 소통할 수 있는 친구 같은 로봇이 되기 바란다. 앞으로 나의 꿈의 직장인 '로보링크'에 입사하여 실력을 쌓고 열심히 일해서 나만의 '휴머노이드 로봇 전문회사'를 창업할 예정이다. 그리고 그 회사에서 내가 개발한 제트팩도 생산할 것이다.

그리고 우리 회사는 고졸 채용을 적극적으로 하고 로봇을 이용해 사람들에게 도움을 주고 봉사할 것이다.

"하고 싶은 일을 한다"

사춘기 시절 많은 방황을 했다. 고등학교 시절 전교 학생회장 선거에 입후보하려고 했으나 담임 선생님께서 '성적이 좋지 않다'는 이유로 반대하셨다. 이에 자존심이 상한 나는 선생님에게 뭔가 보여 줘야겠다는 생각에 전교 학생회장에 출마하였고 열심히 선거 운동을 하여 당선되었다. 그리고 공부하기로 마음먹었다. 그래서 공부를 잘하는 친구의 공부법을 따라서 열심히 했다. 정말 힘들었지만, 선생님께 복수한다는 목표로 잠을 줄이면서 열심히 공부하여 성적을 올렸다.

그 후 공부 잘하는 친구들에게 찾아가서 물었다. 왜 공부를 하느냐고. 그랬더니 하나같이 좋은 대학교에 가려고 한다고 했다. 좋은 대학교에 들어간 다음에는 뭐 하냐고 물었더니 좋은 회사에 취직해서 돈 버는 것이 목표라고 했다. 기껏 대학교에 가서 공부하는 것이 좋은 회사에 취직하고 돈 많이 버는 것이라면, 대학교에 안 가고도 다른 방법으로 이루면 된다는 생각이 들었다. 그래서 대학교에 진학하지 않고 고등학교를 졸업하자마자 바로 사회에 뛰어들었다.

나에게 운이 참 좋은 사람이라고 얘기하는 사람이 많았다. "넌 운이 참 좋은 사람이야. 시대를 잘 타서 고졸인데도 네 스펙으로 여기까지 온 것이 아니냐?"라고 말하는 사람도 있다. 맞다. 인정한다.

그런데 그때 그 시절의 내가 있었기에 가능한 일이다. 대학교 진학을 포기하고 고졸로 사회에 나왔을 때, 내가 졸업하면 고졸이라는 스펙이 사회에 이슈가 될 것이고 정부에서 밀어주리라는 것을 예측했을까? 절대 아니다. 고졸이지만 열심히 살다 보니까 지금 시대의 흐름에 맞은 것이다.

내가 21살 때, 10여 년 만에 다시 우리나라에 벤처 붐이 불었는데, 그때 내가 그 분야에 맞게 준비되어 있었고 최선을 다했기에 운도, 기회도 다가왔고 나는 그것을 잡을 수 있었다. 많은 사람이 "잘하려면 어떻게 해요?"라는 질문을 하는데 그러면 "열심히 하면 돼"라고 얘기한다.

정말 최선을 다해서 열심히 하면 초인적인 힘이 발휘된다. 그러면 주변의 모든 상황이 나를 돕는다고 생각한다. '열심히'라는 것은 내 가슴에 손을 얹고 생각해도 한 치의 망설임 없이 최선을 다했다고 답할 수 있을 정도로 하는 것이다. 그러면 주변의 모든 사람이 나를 믿게 되고, 그러면서 기회가 오고, 운도 따르는 것이다.

간단히 내 이력을 말하자면 21살에 티켓몬스터에 입사했고, 22살에 다시 글루폰이라는 업체에 스카우트됐다. 23살 《청춘, 거침없이 달려라》를 출판하면서 종합 베스트셀러 1위, 자기계발서 베스트셀러 1위까지 올랐다. 그러다 보니까 국제청소년성취포상제 홍보대사 직함을 받았다. 그런데 여기까지 이야기하면 지금껏 승승장구한 것 같지만, 실패한 경험도 많다.

20살 때 7번의 창업을 시도했다. 아이템이 많아 연구도 하고 웹사이트도 만들고 많은 시도를 했지만 다 실패했다. 하지만 좌절하지 않았다. 그리고 티켓몬스터에 있으면서 여러 가지 사업계획서를 만들었다. 네 가지의 사업계획서를 만들고 실제로 웹사이트도 제작했다. 그리고 글루폰에 다니면서도 세 가지 아이템으로 사업계획서도 쓰고, 웹사이트도 만들었다. 그리고 현재는 아이엔지스토리라는 회사를 설립해서 운영한다.

내가 만약 20살 때 실패를 두려워하고, '나는 어려서 안 돼, 나는 배운 게 없어서 안 돼'라며 인생을 한탄하고 주어진 환경 탓만 했다면 티켓몬스터에 입사하는 일은 없었을 것이다.

나는 수없이 많은 경험을 했다. 근데 이렇게 말하면 어머니나 아버지가 항상 이런 이야기를 하신다.

"너는 한 가지에 집중하지 못하고, 이것도 했다가 저것도 했다가 하지 않느냐, 좀 하나에만 집중해라."

하지만 나는 여러분에게 자신 있고 당당하게 이야기할 수 있다. 내 경험을 보면 20살 때는 사업 아이템이 일곱 가지였는데, 21살 때는 네 가지였다. 22살 때는 세 가지, 지금 현재는 한 가지밖에 없다. 이 뜻은 지금은 아이템이 고갈된 것이 아니라 경험을 통해서 내가 잘하는 분야를 알고 그 중에서 한 가지를 선택했다는 뜻이다.

"저는 학생이라서 공부만 열심히 해야 하는데 이것저것 다 배우고 싶어요"라고 말하는 것은 이상한 것이 아니라 당연한 것이다. 다양한 경험을 통해서 내가 잘하는 것과 못하는 것을 알게 된다. 자신이 잘하는 것과 못하는 것을 구분할 수 있을 때 내가 집중할 수 있는 일을 선택할 수 있다.

그리고 내 일이 아니다 싶으면 버릴 줄도 알아야 한다. 10년, 20년 동안 사법고시만 공부할 수는 없다. 다른 일을 선택해야 한다.

우리는 매일매일 수많은 선택을 한다. 이런 수많은 선택의 갈림길에 섰을 때 그때마다 좌절한다거나 선택하는 것을 두려워 마라. 꼭 최고의 선택이 아니어도 좋다. 기억할 것은 내 분야를 정했을 때 차선책도 여러 가지 만들어야 한다는 것이다. 사회에 나와서 처음 창업을 선택한 이유는 어쩔 수 없는 선택이었다. 배운 것도 부족하고 가진 것이 없었기에 영업을 시작했는데, 할 수 있는 것을 하다 보니까 내가 잘하는 게 뭔지를 알게 되었고 잘하는 일을 하고 있었다. 그래서 창업한 회사가 '아이엔지스토리'다. 사람들이 자신의 꿈을 찾아서 이루어 가도록 도우면서 나 자신도 즐겁고 기쁘고 보람을 느끼면서 살려는 것이다.

여기서 기억할 것은 할 수 있는 일을 먼저 했고, 하다 보니까 잘하는 일이 뭔지를 알게 되었다는 것이다. 어느 날 회사에 출근하기가 싫었다. 회사에 출근하기 싫은 나를 발견하니까, 그제서야 내가 좋아하는 것과 소중하고 중요하게 여기는 것이 무엇인지 생각하게 되었다. 그래서 결국에는 좋아하고 소중하게 여기는 일을 선택하게 되었다.

나는 사회 생활을 시작하면서 '무조건 된다'고 말했다. 열심히 하면 된다고 믿었다. 여러분도 기회가 오면 망설이지 말고 얼른 잡아야 한다. 그러면 초인적인 힘이 발휘돼서 여러분을 돕는다. 내가 하고 싶은 말은 남들이 가고자 하는 목표가 아니라 내가 하고 싶은 목표를 설정하라는 것이다. 여러분의 진짜 꿈을 찾아서 이루길 바란다.

"재능과 꿈을 한 줄로 세우다"

결혼을 앞둔 어느 날 어머니께서 그동안 보관하던 거라며 낡은 서류 봉투를 주셨다. 열어보니 그 안에는 초등학교 때부터 고등학교 때까지 받았던 성적표와 상장들이 있었다. 그저 과거의 추억이라고 생각하고 책꽂이 한편에 두었던 것을 몇 년 전에 열어 보았다. 오래된 성적표를 보며 추억에 잠기던 중 한 가지 공통점을 발견했다. 학년마다 한결같이 '발표력이 좋다', '활동적, 적극적이다'라고 적혀 있었다. 심지어는 웅변을 한 번도 배워본 적이 없는데 '특히 웅변력이 뛰어나다'라는 내용이 있기도 했다.

예닐곱 살 되던 무렵 동네에서 또래 아이들을 모아놓고 책에서 읽거나 들었던 이야기를 들려 주곤 했다. 초등학교 2학년, 아무 준비 없이 나간 교내 동화대회에서 장려상을 받았다. 또 정식으로 웅변을 배운 적이 없는 내가 웅변대회에 나가 수상을 하기도 했다.

그러나 나는 알지 못했다. 방황하는 청소년기를 보낸 나는 '지금 해야 할 일을 하지 않으면 영원히 안 해도 되는 것이 아니라 언젠가 그 일을 다시 꼭 해야 하거나 안 한 대가를 치르게 된다'라는 교훈을 얻고, 식품 회사에 취업하여 첫 직장 생활을 시작했다.

그러나 내게 주어진 업무와 기업의 성격이 맞지 않아서 몇 개월 뒤 화장품 회사로 옮겨 기획과 영업 관리 업무를 맡아 열심히 일했다. 하루는 교육팀의 요청으로 신입 직원 앞에서 강의할 기회가 있었다. 과중한 업무로 제대로 준비도 못하고, 그냥 나의 직장 생활을 이야기했는데 반응이 좋았다.

이때도 역시 나는 알지 못했다. 이런저런 일로 두 번째 회사를 떠나 가장 힘들다는 보험 영업을 선택했다. 사람을 만나서 이야기를 나누고 성과를 만드는 활동에 신이 났다. 강의를 요청하는 고객도 가끔 있어서 고객의 회사 직원들을 대상으로 강의도 하고 근무하던 화장품 회사 직원들을 대상으로 강의도 했다. 그런데 문제는 너무 적은 수입이었다. 그래서 7년 만에 보험 영업을 접었다.

이때도 역시 나는 알지 못했다. 그러던 중 협동조합 성격의 회사에서 보험 영업을 하는 전국의 직원들을 대상으로 강의를 전담하는 강사를 모집한다는 소식을 접하고 지원하였는데 합격을 했다. 그 후 전국의 직원을 대상으로 열심히 강의했다. 그런데 계약직이라는 신분의 한계를 뛰어넘지 못하고 2년 만에 퇴직했다.

이때부터 서서히 나의 재능과 꿈이 무엇인지 생각하게 되었다. 그렇게 몇 개월간 공백기를 거치던 중 새로운 기회가 찾아왔다. 우리나라 굴지의 은행에서 전국의 지점을 대상으로 강의와 컨설팅을 하는 직원을 모집한다는 것이었다. 계약직이지만 당당히 입행하여 강의하게 되었고, 작년에는 정규직으로 전환되어 은행원으로 생활하고 있다. 영업과 강의의 전문가라는 이야기도 듣는다. 하늘이 주신 재능에 감사한다.

은행원 생활이 어느덧 만 3년이 되던 어느 날, 다시 한번 나의 재능과 꿈, 목표를 생각하게 되었고, 새롭게 배우고 익혀 다시 준비해야겠다는 결론을 내렸다. 그래서 다소 늦은 시기에 대학원 진학을 하게 되었고, 은퇴 이후의 삶과 사회공헌의 삶도 함께 생각하는 방향으로 꿈과 목표를 세우게 되었다.

나는 강사가 되기 위해서 전문적인 교육을 받은 적이 없다. 물론 재능에만 의존해서 아무것도 하지 않고 그저 잘 되기만을 바라지는 않았다. 나는 하늘에서 각각의 개인에게 준 특별한 무엇인가가 있는데, 그것이 바로 '재능'이라고 생각한다. 그러한 재능을 발견하는 것은 생각만큼 어렵지 않다. 왜냐하면 나에 대해서 관심 있는 사람, 나에 관해서 조금만 관심 있는 주변 사람이라면 이미 알고 있으니까.

나는 나의 재능과 꿈을 이루어 가는 현재 상황에 보람과 긍지를 느낀다. 하늘에서 준 재능을 열심히 활용한다는 것은 비교할 수 없을 정도로 큰 만족과 몰입, 기쁨과 감사를 주기 때문이다. 재능과 꿈을 직업에서 이루어야 하는 이유다. 최고의 직업과 직장을 가져도 만족하지 못하고 정신적으로 심각한 우울증을 겪는 이야기를 종종 듣는다. 바로 재능과 꿈을 이해하지 못한 데서 오는 불일치다.

첫 직장이 마지막 직장인 사람도 드물다. 살아가면서 여러 가지 이유로 직장을 바꿀 수밖에 없는 것이 현실이기도 하다. 나는 내가 많은 사람이 부러워하는 은행원이 될 것이라는 생각을 한 적이 없다. 은행원이 될 수 있었던 것은 직장이 아닌, 재능과 꿈을 바탕으로 직업을 생각했기 때문이다.

또한 나는 나의 재능을 직장 생활로 한정 하지 않는다. 하늘에서 주신 재능은 은퇴와 관련 없다고 생각한다. 그래서 하늘에서 받은 재능을 충분히 발휘할 수 있는 분야를 준비하고 있다.

눈앞의 현실을 외면하기는 쉽지 않다. 하지만 재능과 꿈으로 무장하면 눈앞의 현실을 뛰어넘어 새로운 직업을 만날 수 있다. 바로 내가 그렇게 해왔고 앞으로도 그렇게 될 것이라는 확신이 있기 때문이다.

"시간은 쓰는 것이 아니라 모으는 것이다"

최근 본캐와 부캐라는 말이 뜨고 있다. 본캐는 본래 캐릭터이고 부캐는 부가 캐릭터다. 예를 들면 국민 MC 유재석의 본캐는 개그맨이다. 하지만 《놀면 뭐하니?》라는 프로그램에서는 유산슬, 유야호 등 다양한 부캐로 나온다.

요즘 들어 사람들의 삶은 본캐와 부캐로 구분된다. 본캐는 해야 하는 일로 밥벌이 진로를 의미하고 부캐는 하고 싶은 일로 적성에 맞는 진로를 의미한다. 하고 싶은 일이 많다는 것은 부캐가 많다는 것이고 잡노마드를 의미한다. 잡노마드는 직업을 따라 유랑하는 유목민으로, 평생직장의 개념이 사라지고 자신의 의지에 따라 자유롭게 진로를 개척하는 사람들을 말한다.

나는 중학교 교사다. 중학교 교사는 기성세대가 요구하는 본캐 중 하나이며, 정년이 보장된 직업이기도 하다. 그렇지만 누군가로부터 '어떤 교사가 되고 싶은가?'라는 질문을 받는다면 어떤 대답을 해야 할까? 나는 교단에서 학생들에게 늘 무엇을 가르치는 것으로 만족할 만한 보람을 느끼고 있는지 생각했다. 2006년 교사로 임용된 뒤 2007~2009년 인생의 많은 목표, 마음가짐, 구체적인 실행 계획 등 두 권의 다이어리에 기록하였다. 그리고 2010년부터 2019년까지 10년 법칙을 믿고 나의 삶에 집중했고 열정적으로 도전했다.

● 10년 법칙으로 지나온 과거기록

	활동 분야	2010	2011	2012	2013	2014	2015	2016	2017	2018	2019	2020
본캐	부서 업무	●	●	●	●	●	●					
	3학년부장							●	●	●	●	
	연구부장											●
	교육자료전 개발					●	●	●	●			
	교육력제고 연구								●	●	●	●
	스팀교사연구회								●	●	●	●
부캐1	대학원 석사		■	■	■							
	대학원 박사							■	■	■	■	
	대학(원) 강의							■	■	■	■	■
	공동연구원									■	■	■
부캐2	서울기술교사모임	▲	▲	▲	▲	▲	▲	▲	▲	▲	▲	▲
	전국기술교사모임					▲	▲	▲	▲	▲	▲	▲
	학회 활동									▲	▲	▲
부캐3	융합인재교육 프로그램 개발			◆	◆	◆	◆	◆	◆	◆	◆	◆
	자문 활동									◆	◆	◆
	집필 활동							◆	◆	◆	◆	◆
	학술 활동									◆	◆	◆

　　10년이라는 시간은 나에게 통찰을 의미한다. 비슷한 용어로 1만 시간의 법칙이 있다. 1만 시간의 법칙은 어떤 분야의 전문가가 되기 위해 최소한 1만 시간 정도의 훈련이 필요하다는 것을 의미한다. 10년 동안 매일 3시간씩 훈련할 경우 약 1만 시간이 걸린다. 이는 1만 시간의 법칙과 10년 법칙은 같은 시간개념으로 볼 수 있다. 1만 시간은 매일 10시간이면 3년, 4시간이면 7년, 3시간이면 10년이 걸린다. 우리는 대학교에 가서 직장을 얻기 위해 매일 10시간 3년 동안 도전하고 집중한다. 또한 성공적인 직장생활을 하기 위해 매일 4시간 7년 동안 도전하고 집중한다. 그 이후 성공적인 인생을 살기 위해 매일 3시간 10년 동안 도전하고 집중한다. 나는 3년, 7년, 10년을 창조적 도약의 시간으로 3-7-10 법칙이라 정의하였다.

　　그래서 대학교 시절 3년 동안 도전하고 집중해서 초임 교사가 되었다. 또한 7년 동안 도전하고 집중해서 보람 교사가 되었다. 그 이후 10년 법칙에 따라 도전하고 집중해서 대학 강사, 저자, 교육연구원, 강연자 등 다양한 부캐를 갖게 되었다. 지금 생각해 보면 내 삶은 늘 도전의 연속이었다. 나는 도전을 통해 실패의 경험도 얻었고, 성취의 경험도 얻었다. 그 경험들은 나를 성장시켰고, 또 다른 나를 발견할 수 있었다.

가위바위보도 삼세번이고, 세 번을 참아야 하는 인내, 그리고 인생을 살면서 오는 세 번의 기회가 있다. 인생에서 가위바위보의 삼세번은 패자에게도 다시 한번 기회를 주는 '공평'이고, 세 번을 참아야 하는 인내는 '실패를 두려워하지 않는 도전정신'이다. 그리고 세 번의 기회를 놓치지 않고 잡는 것은 '성공에 대한 믿음'이다. 기회는 준비된 자에게 온다.

- 이제까지 나에게 기회가 왔었는지 생각해 보자.
- 그리고 기회가 오기 전에 나는 그 기회를 준비하고 있었는지 생각해 보자.
- 그래서 몇 번의 기회를 잡았는지 생각해 보자.
- 그러나 그 기회를 마냥 기다리고만 있었는지 생각해 보자.
- 어쩌면 그 기회는 가까운 곳에 있는 것은 아닌지 생각해 보자.

"10년이면 강산도 변한다"는 우리나라 속담이 있다. 그동안 강산이라고 하면 주변 환경 또는 눈에 보이는 세상만을 생각했다. 세상을 바꾸는 방법보다는 자기 자신을 바꾸는 방법이 먼저라고 생각했다. 세상을 바꾸기 전에는 스스로 변화하는 10년이라는 시간이 필요하다. 10년이라는 시간개념을 어떻게 생각하느냐에 따라 우리의 인생이 바뀔 수 있다는 사실을 깨달았다. 그래서 나는 10년 법칙을 믿었다. 세상이 바뀌길 바라는 것보다 내가 도전하고 집중하는 것이 세상을 변화시키는 도약이라고 생각했다. 하루는 24시간이고 1년은 365일이다. 시간은 더 만들어 낼 수 없지만, 시간은 우리가 쓰려고 하는 곳에 집중하면 늘어날 수 있다. 즉, 시간을 절약해서 원하는 삶을 만드는 게 아니라 원하는 삶을 만들고 나면 시간은 저절로 절약된다.

한 주의 시간은 하루 24시간에 7일을 곱하면 168시간이다. 일주일 168시간에서 주 5일 근무로 하루 8시간 근무하면 40시간 일을 하고 있다. 일주일 동안 8시간 정도 잔다고 하면 56시간 잠을 자고 있다. 일하는 시간과 잠자는 시간을 빼면 나 자신을 위해 무엇을 할 수 있는 72시간이 존재한다. 개인 활동 72시간은 일하는 시간보다 많다.

당신은 일주일 동안 시간을 어떻게 나눠서 쓰고 있는지 깊게 생각해 본 적이 있는가? 바쁘다는 이유로 중요한 일을 놓치고 살아가며, 시간이 없다는 말로 핑계 대며 인생을 살아가고 있는가? 삶은 끊임없는 선택의 여정이다. 성공의 시작은 하루의 소중함부터 시작된다. 시간이 남아 있다고 흥청망청 낭비하는 것이 아니라 인생 저금통으로 시간을 모아야 한다.

교사&작가 김원배

"본캐를 넘어 부캐로!"

"안녕하세요, 호기심을 가지고 항상 긍정적 마음으로 행복을 만들어가는 교사이자 글을 쓰는 작가 김원배입니다."

강연이나 모임에서 나를 소개하는 멘트다. 직업이 뭐냐고 묻는다면 자신 있게 교사이면서 작가라고 말한다. 책 일곱 권을 출간하면서 주변에서 작가라고 불러주는 것에 익숙해졌다.

글을 쓰고 책을 출간하는 작가는 나와 다른 능력이 있는 사람들이라고 생각했다. "평소 글도 써보지 않은 내가 어떻게 책을 출간할 수 있겠어?"라며 남들 얘기라고 여겼다.

그런데 2013년 작가로 데뷔할 기회가 나에게도 찾아왔다. 교육청에서 진로 독서 워크북 만드는 프로젝트에 참여하면서 어느 선생님이 출판사와 계약해서 우리들의 책을 만들자고 제안하셨고, 우리는 동의해서 출판사와 미팅날짜를 잡고 일주일에 한 번씩 출판사로 아이디어 회의를 다녔다. 국어 교사와 진로 교사가 같이 진로 독서를 주제로 책을 만들기로 합의한 것이다.

그런데 세 번 정도 회의에 참석했다가 중도에 포기했다. 도저히 일반 독자가 읽는 책을 쓸 자신이 없었다. 아이디어 회의에서도 할 말이 없었다. 작가의 길은 멀

고도 험하다는 것을 실감하며 기회를 날려버렸다. 나는 왜 작가가 되는 길목에서 포기했을까? 몇 날 며칠을 고민했다. 도대체 원인이 뭘까? 나를 다시 되돌아봤다. 이번 생애에는 책을 한 권도 낼 수 없는 걸까? 내가 책 출간에 참여하지 못한 이유를 요약해 봤다.

첫째, IN-PUT 부족이다. 책을 꾸준하게 읽지 않았던 나는 글을 쓸 수 없었다. 책을 체계적으로 꾸준하게 읽으면서 생각하는 훈련이 되어 있지 않았기 때문에 출판사 아이디어 회의에서 한마디도 할 수 없었다.

둘째, 창의성 부족이다. 진로 교육 관련 활동지는 만들어낼 수 있지만, 일반 독자에게 감동을 주기 위한 글을 쓰기에는 창의성이 부족했다.

셋째, 글 쓰는 방법을 몰랐다. 출판사와 계약을 하고 출간하는 책은 일기와 편지글과는 차원이 다르다. 독자의 마음을 움직이게 하는 필력이 부족했다.

넷째, 진로 교육 조금 했다고 책을 쓸 수 있다는 의욕만으로는 안 된다. 2012년부터 진로 교육을 하면서 '나도 진로 분야 책을 써볼까'라는 생각을 가졌다. 그러나 현실은 그런 의욕만으로는 절대로 집필할 수 없다는 장벽에 부딪히게 된다.

다섯째, 집필자 회의에서 내가 할 얘기가 없다. 아는 게 있어야 말을 하는데 나는 진로 독서에 대해 어떻게 글을 써야 하는지 아는 게 없었다.

책 출간을 포기했던 이유를 정리하자 내가 우선으로 해야 할 공통적인 것을 발견했다. 체계적인 독서와 쓰기 공부다.

책을 어떻게 체계적으로 읽을 것인가? 방법을 찾기 시작했다. 하루 24시간 중에 독서에 집중할 수 있는 시간대는 언제일까? 학교 업무와 수업은 근무시간에 마무리하고 집에서는 자기 계발을 하기로 했다. 독서 시간은 새벽 4시부터 6시까지로 정했다. 독서를 매일 실행에 옮기려고 계획을 세웠다. 지금도 나는 1년에 100

권의 서평을 쓰겠다는 목표를 가지고 일주일에 두 권의 책을 읽고 서평을 블로그에 업로드하고 있다. 직장생활 하면서 일주일에 두 권 읽기가 어려운 일이지만 새벽 시간에 한 권, 직장에서 자투리 시간에 한 권을 읽겠다고 목표를 정하고 실천하고 있다.

필력을 높이기 위한 글쓰기 공부는 신문 칼럼을 베껴 쓰고 내 생각을 첨삭하면서 공부했다. 칼럼도 2년간 매일 아침 시간을 이용해서 쓰고 생각했다. 요즘에는 책을 읽고 형광펜으로 표시한 부분을 노트에 필사하면서 필력을 향상시키고 있다. 또한 한국독서교육신문에 매주 한 편씩 칼럼을 집필하고, 100일 에세이 쓰기 프로젝트를 실행 중이다. 저녁에는 잠들기 전 감사일기를 쓰고 있다.

나는 살아오면서 부정적으로 생각하기 보다는 모든 것을 긍정적으로 생각하려고 노력한다. 힘든 과정이지만 내가 할 수 있는 일에 집중하면 반드시 좋은 결과가 나올 것이라고 확신하고 실행에 옮겼다.

다산 정약용 선생님은 "부지런히 적고 머리를 믿지 말며 손을 믿으라"고 말씀하셨다. 읽고, 쓰고, 생각하는 훈련을 꾸준하게 하면서 서서히 글을 쓰는 능력이 향상됨을 느꼈다. 2016년부터 책을 쓰기 위한 도전은 2017년부터 매년 책을 출간하는 것으로 열매를 맺을 수 있었다. 지금은 책을 출간하면서 강연가로도 활발히 활동 중이다.

내가 2013년 "난 책을 출간할 수 없어"라며 내 능력의 한계를 정해버렸다면 지금 작가로서 활동하고 있지 못할 것이다. 내 능력의 한계에 순종하기보다는 왜 실패했을까? 원인 분석을 해서 스스로 할 수 있는 일을 집중적으로 배운 덕분에 책을 쓰는 작가와 강연가라는 또 다른 직업을 얻게 된 것이다. 자신의 능력을 넘어서는 계획은 실패로 가는 지름길이다. 할 수 있는 일에 집중하는 편이 성공의 지름길이다. 내가 작가로서 성공할 수 있었던 것도 내가 할 수 있는 새벽 독서와 필사하는 것에 집중했기 때문이다. 주변에 비싼 돈을 지불하고 글을 배우고 책 출간하는 방법을 배우는 사람이 많다. 이것은 아무런 도움이 되지 않는다. 우선으로 자신의 능력을 극대화할 수 있는 자신만의 습관을 찾는 것이 중요하다.

주변에서는 봉급도 잘 나오는 교사인데 왜 힘들게 고생하냐고 묻는다. 그러나 내가 좋아서 하는 새벽 독서와 글쓰기는 또 다른 즐거움이라서 전혀 피곤함을 느끼지 못하고 즐거움을 느끼면서 배우고 있다. 요즘에는 온라인 독서 모임도 만들어서 참여하고 있다. 꾸준하게 내가 할 수 있는 일에 집중하고 할 수 있다는 긍정적인 마음가짐과 실행력이 자신의 꿈을 만들어가는 지름길이다.

하고 싶은 것이 뭔지 모르겠다면 독서부터 시작해라. 책 속에는 여러분의 수많은 롤모델이 있다. 내가 독서와 글쓰기를 스스로 공부해서 작가가 되었듯이 여러분도 좋아하고 흥미 있는 분야에서 성공한 분들의 삶의 여정을 살피면서 자신만의 행복한 길을 만들어가기 바란다.

전 대우증권 임원 홍진우

"나쁜 일, 안 되는 일, 불가능한 일을 긍정적으로 해석하라"

세상을 살다 보면 좋은 일보다 안 좋은 일이 더 많이 생긴다.

'왜 나한테 이런 일이 생길까? 내가 지은 죄가 커서 그런가? 아니면 부모를 잘 못 만나서 그런가? 아니면 친구를 잘못 사귀었나?'

나쁜 일이 생길 때마다 오만가지 생각이 다 든다. 나는 세 번의 큰 고난을 겪으면 서 일어난 일보다는 그 일을 어떻게 해석하느냐가 더 중요하다는 것을 깨달았다.

청소년기, 아버지 사업이 망해서 집안이 어려웠을 때 가출과 자살을 생각했다. 그러나 그런 충동 대신 사랑하는 엄마를 기쁘게 해드리려고 열심히 공부했다. 공 부를 잘하니까 장학금을 받을 수 있었다. 학자가 되겠다는 거창한 포부가 아니라 첫째는 부모님을 기쁘게 해드리고 싶었고, 둘째는 등록금을 내지 못해 선생님께 불려 가기 싫어서 장학금을 받으려고 공부했다. 그러다 보니까 성적이 오르고 결 국 좋은 대학교에 갔다.

첫 번째 결론은 불행한 일을 만났을 때, 그 불행을 어떻게 생각하고 해석하느냐 에 따라서 인생이 바뀐다는 것이다. 살다가 여러 가지 어려운 일이 생길 때 긍정적 으로 생각하고 해석하는 사람이 되면 좋겠다.

두 번째는 큰아들 이야기다. 대학생인 아들은 1살 때 심장에 이상이 있었다. 병원에서 심장박동기를 권유받았는데, 심장박동기는 한 번 달면 평생을 가는 것이어서 많은 고민 끝에 수술을 했다. 그런 아들이 초등학교 4학년 체육 시간에 무리한 운동으로 쓰러졌다. 여러 병원에 다녔지만, 완치는 불가능하다는 말만 들었다.

의사들의 의견은 두 가지로 나뉘었다. 심장박동기를 달거나 인공심장 판막을 다는 것. 그때는 인생을 살면서 불가능한 일이 생긴다는 것을 깨달았다. 아들이 고등학교 2학년 때 두 번째로 가슴을 열고 인공판막을 이식받았다. 그렇다고 완치가 되는 것은 아니고, 매년 정기검진을 받으면서 조심해야 한다. 인생은 살면서 안 되는 일이 있다. 안 되는 일이….

하지만 나는 이렇게 생각하고 해석한다. 우리 아들이 경제적으로 여유 있는 아버지를 만나서 수술을 받고 살 수 있으니 다행이다. 그러니까 내 아들로 태어난 것은 참 잘된 일이다.

아들의 사례를 통해서 말하고자 하는 것은 몸이 아픈 아들이 태어나서 어려움도 많았지만, 긍정적으로 해석한 덕분에 더 겸손해지고 좋은 부모가 될 기회를 얻었다는 것이다. 살면서 노력으로는 안 되는 일이 있을 때, 뭔가 그 사건에서 긍정적인 의미를 찾고 해석하다 보면 길이 열릴 수 있다.

마지막으로 세 번째 내가 겪은 억울한 일이다.

대우증권에 입사해서 한 번의 승진 누락 없이 41살에 부장이 되었다. 그리고 임원인 이사까지 올라오는 데 10년이 걸렸다. 그 10년 중에 지점장을 하다가 잘려서 일반 영업직원으로 1년간 일했다. 갑자기 잘리면 좀 억울하다. 여러 가지로 갑자기 상황이 변하니까 굉장히 우울해졌다. 그런 상황이면 회사에 항의하지 않을까?

억울한 일이 생기면, 대개 "나는 잘못하지 않았다. 억울하다"고 상사에게 이야기한다. 또 "나는 잘못한 거 없다"면서 회사를 그만두는 경우도 있다. 그런데 나는 억울한 마음을 다른 사람들에게 이야기하지 않고 그냥 받아들였다. 억울한 일을 받아들이면, 그 다음 한 걸음을 뗄 수 있다.

그래서 평사원으로 강등되었을 때 받아들이고 책을 읽었다. 그때 읽은 책은 이순신 장군, 스티브 잡스, 덩샤오핑의 이야기였다. 이순신 장군은 백의종군을 두 번 했고, 스티브 잡스도 자신이 창업한 애플에서 잘렸다가 10년 후에 다시 복귀한다. 덩샤오핑도 중국의 수상이 되기 전까지는 10년 정도 백의종군을 했다. 이러한 책을 읽은 이유는 내가 당한 억울한 일을 받아들이고 다른 일을 하기 위해서다.

그래서일까? 나는 딱 1년 만에 다시 본사 본부장으로 복귀했다. 4년 5개월 후 회사 임원인 이사로 승진했고, 지금의 지주회사에 파견 나왔다. 만일 지점장에서 잘렸다고 항의하고, 받아들이지 않았다면 1년 후에 본부장으로 복귀하지 못했을 것이다. 지점장에서 평사원으로 강등되었음에도 일을 잘하니까 다시 복귀된 것이다.

여러분도 인생을 살다 보면 억울한 일도 당하고 불행한 일도 겪는데, 그때 마음가짐을 어떻게 하느냐에 따라서 길이 열린다.

마지막으로 꼭 하고 싶은 말은 어려울 때 혼자 생각하지 말고 선생님이나 부모님과 상의하라는 것이다. 아니면 친구, 선배들과 상담하는 습관을 가져라. 그것이 어려운 일을 극복하는 길이다.

여러분이 꿈을 찾아가는 과정에는 좋은 일과 잘되는 일보다 나쁘고 안 되는 일이 더 많이 생긴다. 열심히 공부하면 성적도 쑥쑥 오르고, 경찰이 되겠다고 마음먹으면 그 길을 가게 되고, 공무원이 되겠다고 하면 공무원 시험에 척척 붙고… 이런 일은 절대 생기지 않는다! 안 되는 게 정상이고 어려운 일을 겪는 게 정상이다. 그럴 때마다 포기하거나 좌절하지 말고, 늘 자기를 알아주는 사랑하는 선생님이나 부모님, 형님, 누나 그리고 친구와 선배 등과 상의하면서 긍정적으로 생각하고 해석하기 바란다. 그러다 보면 길이 열린다. 여러분이 생각하는 것보다 더 좋은 길이 말이다.

"달리기와 책읽기를 통해 변화된 일상"

50살이 되기 전까지는 젊어서부터 해오던 일을 하면서 큰 어려움 없이 세끼 밥 먹고 살았다. 그런데 언제부터인지 모르게 나 자신이 일의 중심에서 밀려나 인사이더가 아닌 아웃사이더라는 사실을 실감하게 되었다. 나는 꽤 많은 경험을 가지고 있는데도 젊은 사람의 생각과 문화를 이해하지 못했고, 새롭게 기획되고 만들어지는 상품은 나의 생각과 달리 발전되어 나를 바보로 만들고 있었다.

무엇보다 사업의 실패로 몸과 마음이 허약해졌다. 그때 몸이 건강해야 무슨 일이든 주어지면 감당할 수 있으리라 마음먹고 매일 1시간 걷기를 시작했다. 100일 동안 하루도 빠짐없이 걷다보니 발목도 무릎도 좋아짐을 느꼈고 몸무게도 전보다 3kg이나 줄어 있었다. 이로 인해 매일 1시간 걷기가 매일 1시간 달리기로 발전했고, 5km-10km-20km 달리기를 반복했다. 그 결과 5개월이 지난 가을 중앙마라톤대회 풀코스(42.195km)에 첫 출전하여 3시간 20분의 기록으로 완주하고, 그 다음해엔 100km 울트라마라톤에 출전하여 11시간 8분으로 완주에 성공하였다. 세상을 다 얻은 듯 기쁨을 맛보았고 무엇보다 자신감이 넘쳐났다.

또 하나 실천하기로 한 것은 '나만의 새로운 스토리를 만들자'라고 마음먹고 독서를 계획했다. 늦은 나이에 독서를 하려고 하니 집중력과 기억력에 한계가 있었지만 어렵고 두꺼운 책이 아니라 스토리가 쉽고 짧은 책, 내가 소화할 수 있는 책을 찾아 읽었다. 처음에는 초등학교 저학년이 읽는 동화책을 정독하기 시작했다. 3,000여 편의 동화를 매일 읽고 또 읽었다. 또 1년에 100권의 책을 읽자고 다짐하고 시작한 독서가 김이율 저자의 〈가슴이 시키는 일〉이란 책을 읽은 후 하루에 1권으로 발전했다. 1년에 365권, 6년 동안 2,000여 권의 책을 읽게 되었다.

이렇게 매일 7~8시간씩 독서할 수 있었던 이면에는 달리기로 건강해진 체력이 밑바탕이 되었음을 부인할 수 없다. 그리고 읽은 책들의 주요 내용은 짬짬이 A4용지 3~4쪽에 요약정리를 실천하다 보니, 글쓰기 소질이란 찾아볼 수 없었던 사람이었지만 글이 써짐을 발견하게 됐다. 그 덕분에 2015년 6월 〈그래, 우리는 할 수 있어〉라는 제목으로 한국문학 동화부문에서 아동문학 신인상을 받게 되었다.

독서로 인해 많은 배움과 깨달음, 인생의 재발견이 시작되었다. 무엇보다 평소 만나기 어려웠던 훌륭한 사람들과 간접적으로나마 만날 수 있다는 것은 큰 매력이다. 짧은 시간 스쳐지나가는 만남이 아니라 그들의 전 생애를 눈물과 기쁨으로 담은 희로애락喜怒哀樂을 알 수 있었고, 이들과의 만남은 자책하고 탓하고 원망하고 절망에 머물러 있던 나에게 긍정과 희망의 메시지가 되었다.

좋아하는 것, 잘하는 것의 발견과 가슴이 시키는 일을 하고 단순하게 살자는 목표를 세울 수 있었던 것도 독서가 준 축복이다. 이렇게 살다보니 몸은 물론 정신까지도 맑아져 나의 사명서를 만들게 되었다.

"나의 사명은 성실誠實의 씨앗을 심고, 정직正直의 뿌리를 내리며, 사랑의 열매를 맺혀 나와 더불어 한 시대를 살아가는 뭇사람들에게 나눔과 봉사奉仕의 삶을 실천實踐하는 것이다."

칠순을 바라보는 현재, 원하지도 않은 일이 아닌 내가 제일 잘할 수 있는 분야의 현직에서 일하고 있음에 보람되고 감사할 따름이며, 이 모두는 달리기가 가져

다준 육체적 건강과 독서에서 얻은 정신적 건강을 꼽을 수 있다.

처음 시작할 때는 너무나 힘들고 고통스럽고 포기하고 싶을 때도 있었다. 그러나 달리기와 독서는 나의 인생에서 가장 중요한 포지션을 차지하였고, 매일 하지 않으면 견딜 수 없는 생활이 되었다. 경제적으로는 그리 넉넉하지 않지만 선택이 아니라 필수가 되어버린 달리기와 독서를 만나 너무 감사하고 행복하다.

나에게는 남들도 부러워하는 좋은 습관이 있다. 매일 일찍 일어나는 습관, 매일 운동하는 습관, 매일 책 읽는 습관이다. 습관은 참으로 중요하다. 나쁜 습관은 도둑질과 같아 앞날을 더욱 어둡게 만들지만, 좋은 습관은 저축과 같아 적지만 이자가 쌓여 앞날을 밝혀주고 이끌어줄 마중물이 되기 때문이다. '인생도, 책 읽기도, 달리기와 같다'는 결론에 이른 것이다.

꿈을 이룬 사람들의 성공키워드를 세 가지로 정리하면 다음과 같다.

첫째, 자신이 목표를 설정하는 원대한 비전을 가졌고

둘째, 목표를 향해 목숨을 걸고 매진하는 열정으로 무장했으며

셋째, 목표가 달성될 때까지 결코 포기하지 않았다는 것이다.

성공으로 들어가는 문에는 '미세요'라는 문구가 있다. 미는 행동이 있어야 또 다른 안과 밖을 경험할 수 있을 테니 말이다. 아무리 좋은 생각과 조건을 가졌더라도 그것을 추진하지 않으면 무용지물! 정보도 새로운 아이템도 넘쳐나는 시대, "구슬이 서 말이라도 꿰어야 보배"라 했는데, "해 보긴 해 봤어"라고 외치던 현대그룹 故 정주영 회장의 말이 귀에 생생하다. 꿈꾸는 미래 앞에 어떤 장벽이 있다 해도 헤치고 나가야만 현실이 될 수 있다.

그리고 더 나은 방법을 찾아내려는 노력이 세상을 바꿀 수 있다. 때문에 "오늘

보다 더 나은 내일을 만들기 위해 나는 오늘도 뛴다. 준비가 된 사람에게 기회도 운도 따른다"는 말에 공감하며 실천하려 한다.

결심은 누구나 할 수 있지만 그것을 실천하는 이는 많지 않다. 더구나 오랜 기간 실천을 계속하는 사람은 더 적다. 성공을 향한 '시동'을 결심으로 걸었다면, 실천이라는 '기어'를 넣고, 지속이라는 '연료'를 넣어야 목적지에 도달할 수 있다.

어떻게 사는 것이 가장 행복한 삶일까? 비결은 간단하다. 하고 싶은 일을 하는 것이다. 좋아서 하는 것보다 일을 더 잘할 수는 없다. 100세 시대, 나이는 숫자에 불과하다.

Think Big, Act Fast.
미래를 준비하고, 오늘 열심히 뛰어라.
나부터 작은 것부터 지금부터…

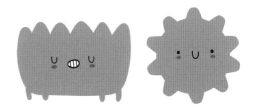

"제 2의 시바타 도요를 꿈꾸다"

　학창시절 공부를 뛰어나게 잘한 건 아니지만 그렇다고 아주 못하지도 않았다. 나에게 아무도 공부하라고 말하지 않았다. 하지만 지나고 생각하니 이런 어린 시절을 보낸 것이 큰 자산이 된 것 같다. 초등학교 시절 글쓰기 관련 대회에 참가하면 모든 상을 휩쓸곤 했는데, 성적에 대한 스트레스 없이 배우는 즐거움을 터득한 나만의 학습 방법이 바탕이 된 것은 아닐까 싶다. 책 읽는 것을 무척이나 좋아했던 터라 손에 늘 미니북을 들고 다녔다. 글쓰기 못지않게 좋아했던 과목은 영어로 여고 시절 해외여행을 가서 간단히 의사소통할 정도의 실력이었다.

　당시만 해도 여학생의 대학교 진학은 그리 많지 않았던 때였고 나역시 대학교 진학에 대한 생각이 별로 없었다. 그러다가 뒤늦게 간호대에 진학하여 졸업 후 간호사로 근무했다. 결혼하게 되었고 아이도 갖게 되었으며, 육아에 집중하기 위해 직장을 그만두었다.

　직장을 그만두고 전업주부로서의 삶은 나름 편안했지만, 항상 내면의 부족함을 느꼈다. 육아를 향한 나의 의지는 충족시킬 수 있었지만, 다른 한편으로는 많은 시간을 의미 없이 버리고 있는 것은 아닌지 불안했다. 무엇인가 성장하고 발전할 수 있는 거리를 찾기 위해 문화센터를 기웃거리게 되었다.

여러 강좌 중에서 일본어 강좌가 시선을 사로잡았다. 40대 초반에 왕초보로 시작한 일본어였다. 한자와 일본어 두 마리 토끼를 잡을 수 있다는 말에, 20대 시절의 지적 허영까지 가세해서 공부를 시작했다. 행주질과 걸레질에 익숙해진 일상에, 머리는 굳을 대로 굳어 있었다. 공부할수록 막막했지만 그만 두지 못하도록 친구들과 주위에 일어를 배운다고 소문을 냈다.

일본어 공부를 본격적으로 시작하면서 좋은 일본어 강사를 만나게 되었고, 멘토와 멘티의 관계가 되었다. 멘토 강사는 나에게 일본어 강사의 소질이 있다고 비전을 주면서, 강사의 자격을 주는 일본어 능력시험 1급 자격증을 취득하라고 제안했다. 열심히 공부했고 첫해에 일본어 능력시험 4급에 도전하여 성공했고, 매년 3급, 2급, 1급까지 취득했다.

1급 일본어 능력시험은 원어민에 가깝게 일본어를 구사할 수 있는 능력이 있어야 가능한 급수다. 어학 실력을 향상하기 위해 일본인을 대상으로 홈스테이를 유치하고, 일반 라디오에서 잡히지 않는 일본 방송을 청취하기 위해 원양 어선에서 사용하는 단파 라디오를 사서 듣는 등 각고의 노력을 기울였다. 일본어를 배우는 과정에서 "뜻이 있는 곳에 길이 있다"는 진리를 몸소 깨달았다.

1999년도부터 서울시 은평구에 문화센터가 개설되면서 일본어 강좌도 개설되었는데, 일본어 강사 모집 공고에 응모했다. 강사의 길이 열린 것이다.

이때 "준비된 자에게 기회가 오는 것이다. 기회가 왔을 때 그 기회를 잡을 수 있는 사람은 오직 준비된 자뿐이다"라는 말을 실감할 수 있었다. 준비되어 있지 않다면 기회가 오더라도 그냥 놓칠 수밖에 없다.

그 후 꾸준히 일본어 강좌를 강의해 왔으며, 2001년 일본어 능력시험JLPT 1급을 포함한 50여 명의 합격생을 배출하기도 하여 홍제2동 주민자치센터를 '일본어 명문 주민센터'로 소문을 내는 데 기여했다.

일본어 공부를 시작하며 가졌던 유능한 일본어 강사의 꿈을 이루었다. 간절히 원하면 이루어진다는 평범한 진리를 다시 한번 깨달았다.

나의 삶은 보통 엄마들과 비교해 볼 때 결코 평범하다고는 볼 수 없다. 끊임없이 공부하면서 무엇인가를 추구하면서 살아왔기 때문이다. 이제는 청소년 시절 좋아했던 글쓰기와 책읽기를 열심히 배워서 나이듦이 부끄럽지 않은 일본 시인 시바타 도요 같은 삶을 꿈꾼다. 이를 위해 서울대 평생교육원에서 수필 강좌를 들으며, 세 번째 직업으로 수필가를 예감한다.

여든 노인이 돼서 무릎 아프고 다리 아파서 외출도 힘들 때 그동안 살아온 경험을 기록으로 쓸 수 있다면 얼마나 행복할까? 멀리 20년 후를 생각하고 한 걸음 내딛는 나의 발걸음은 이제 시작에 불과하지만, 또 하나의 가능성을 향해 도전한다.

꿈수저들의
행복한 세상을 위하여

이 책 제목은 《청소년을 위한 꿈꾸는 다락방 꿈노트》입니다.

잠시 '꿈'이라는 단어를 한 번 더 생각해 보겠습니다. 우리가 일상에서 쓰는 '꿈'이라는 말은 보통 두 가지 뜻을 지니고 있습니다. 하나는 잠잘 때 꾸는 꿈인데, 잠자는 동안 꾸는 꿈은 깨어나면 곧 잊혀집니다. 더러는 식은땀을 흘리며 꾸는 악몽이나 웃으면서 꾸는 길몽도 있는데 이런 꿈들은 평범한 꿈들보다는 기억이 좀 더 오래 이어지기도 합니다.

그러나 사람들 대부분이 잠자면서 꾼 꿈을 오래 기억하지는 못하는 것 같습니다. 혹시 여러분이 지금까지 잠자면서 꾼 꿈들 가운데 기억에 남는 꿈이 있나요?

우리는 가끔 하늘이나 험한 계곡 사이를 자유롭게 나는 꿈을 꿀 때가 있습니다. 날개가 없는 데도 그냥 두 팔을 펄럭이면 훨훨 나는 꿈을 꾸면 깨기 싫습니다. 어떤 사람은 자신이 잠자면서 꾼 꿈들을 글로 옮겨 적어서 간직하기도 합니다.

그것도 일종의 '꿈노트'라고 할 수 있을 것입니다. 그러나 잠자면서 꾼 꿈을 적어두는 노트를 소개하기 위해 이 책을 세상에 내놓은 것은 아닙니다.

그러면 무엇 때문에 이 '꿈노트'를 여러분 손에 쥐게 한 것일까요?

사람은 누구나 때가 되면 그 누구의 간섭이나 지시를 받지 않은 상태에서 진정으로 자신이 원하는 삶, 즉 자유로운 삶을 살아가야 합니다. 다시 말해서 하고 싶은 일을 하면서 되고 싶은 사람이 되어야 합니다. 그래야 행복한 삶을 살 수 있습니다.

이 '꿈노트'를 세상에 내놓은 것은 바로 여러분 모두가 자신이 원하는 삶을 살 수 있도록 새로운 지혜를 나누어 드리기 위해서입니다. 이 책의 Chapter 1 ~ Chapter 4까지 소개한 네 가지 핵심 내용을 다시 한 번 기억해 주기 바랍니다. '꿈을 찾고, 꿈을 그리고, 꿈을 나누고, 꿈을 이루어가는 방법' 입니다.

우리나라가 경제력은 세계 10위권을 자랑하고, K-POP과 한류로 지구촌을 주도하는 부분이 있지만 우리나라 청소년과 청년의 행복지수는 부끄러운 수준입니다. 어떻게 하면 이 부끄러운 현실을 극복할 수 있을까요? 이 책이 그 물음에 대한 하나의 대답이 되기를 바랍니다.

또한 이 책이 세상의 청소년들은 물론 모든 부모와 교사들의 올바른 성장을 돕는 데 작은 보탬이 되기를 소망합니다. 그리하여 청소년과 젊은이들이 '건물주'나 '금수저'를 부러워하기 보다는 새로운 세상을 만들어가는 '혁신가'와 '꿈수저'들이 되기를 간절히 염원합니다. 끝으로 새로운 세상은 바로 꿈에서부터 시작된다는 것을 꼭 기억하기 바랍니다. 이 꿈노트로 새롭게 거듭나고 상장해갈 꿈수저들의 미래를 기대합니다.

이 땅의 '꿈수저'들을 열렬히 응원하며

저자 일동 드림